UNSER

NORDRHEIN WESTFALEN

Edel:Books
Ein Verlag der Edel Germany GmbH

www.edel.com
1. Auflage 2013

Agentur: WDR mediagroup GmbH

WDR Redaktion: Heiner Backensfeld, Silke Schnee und Christoph Wittig
WDR mediagroup Projektkoordination: Kirsten Schmitz

Projektkoordination: Dr. Marten Brandt

Redaktion und Produktion: Feierabend Unique Books
Text: Elmar Schulte
Art Direction: Peter Feierabend
Layout: Conny Laue
Lektorat: Petra Biedermann

Umschlaggestaltung: Groothuis, Lohfert, Consorten,
Hamburg | www.glcons.de
Druck und Bindung: optimal media GmbH, Röbel

Printed in Germany

ISBN 978-3-8419-0177-4

Elmar Schulte

UNSER NORDRHEIN WESTFALEN

DAS BESTE BUNDESLAND DER GANZEN WELT UND WEIT DARÜBER HINAUS

WDR Fernsehen HITLISTEN DES WESTENS 50 50

EDEL

Rheinland Lippekreis Westfalen

VORWORT

Das Beliebteste aus dem Land „tief im Westen“

Silke Schnee, Redakteurin der Unterhaltung WDR FS, „Hitlisten des Westens“

Wir Menschen in Nordrhein-Westfalen sind viele. Viel mehr als zum Beispiel in Belgien, in den Niederlanden, in Österreich oder der Schweiz.

Unser Land ist groß. Flächenmäßig ist es mit 34.000 km^2 das viertgrößte Bundesland Deutschlands und es ist – da werden mir die vielen Nordrhein-Westfalen sicher zustimmen – sowieso das großartigste und vielfältigste.

Der Nordrhein-Westfale liebt sein Land, dessen Landschaften, Flüsse, Städte und Regionen: den Niederrhein im Westen und Ostwestfalen-Lippe im Osten, die Eifel und die Region Aachen im Süden bis hinauf ins schöne Münsterland im Norden. Auch kulturell und kulinarisch hat Nordrhein-Westfalen Hervorragendes zu bieten.

Das Beste von allem findet sich in diesem Buch wieder.

Denn die Menschen in Nordrhein-Westfalen haben abgestimmt. Für die WDR Sendung „Hitlisten des Westens“ haben die Zuschauer ihre beliebtesten Ausflugsziele, ihre schönsten Wanderwege und größten Bauwerke in Nordrhein-Westfalen gewählt.

Das Buch zur Sendung ist – wie sollte es anders sein – ein Buch der Superlative geworden, das die Vielfalt und Einzigartigkeit Nordrhein-Westfalens eindrucksvoll herausstellt, Anekdoten erzählt und Insider-Tipps gibt, die nur der echte Nordrhein-Westfale geben kann.
Wobei – so viel sei schon verraten –, den Nordrhein-Westfalen gibt es überhaupt nicht.
Denn so vielfältig wie das Land, so unterschiedlich sind auch die Menschen, die dort leben. Und gerade das macht Nordrhein-Westfalen so spannend und vor allem so unterhaltsam:
Trifft ein Rheinländer einen Westfalen mit einem Papagei auf der Schulter. Fragt er: „Kann der auch sprechen?" Sagt der Papagei: „Keine Ahnung."

In diesem Sinne viel Spaß bei der Lektüre über ein liebenswertes Land und seine herzlichen Bewohner wünscht Ihnen

Silke Schnee

PS: Den Witz über die Rheinländer gibt es im nächsten Buch. Versprochen!

Monschau, auf Platz 1 der beliebtesten Städte, liegt malerisch im engen Rurtal.

11

GRÜNES NRW

Platz 1 der beliebtesten Landschaften: das Sauerland, hier die Bruchhausener Steine

GRÜNES NRW

Einer der schönsten Wanderwege in Nordrhein-Westfalen: die Drei-Seen Route an der Urfttalsperre

GRÜNES NRW

Rheinland

Lippekreis

Westfalen

GRÜNES NRW

Das Beste: Landschaften und Landleben

Ob Sauerland, Münsterland, Eifel oder Senne – unser schönes Bundesland bietet eine große Vielfalt an verschiedenartigen Landschaften. Und auch seine Städte sind vielfältig, wunderschön – und immer wieder überraschend. Kostproben gefällig? Wir zeigen Ihnen nur das Beste. Zum Beispiel Monschau, Minden, Münster und Blomberg. Denn WDR-Zuschauer haben über ihre Lieblinge abgestimmt, und diese schönen Landschaften, Städte und Wanderwege sind ganz vorn dabei.

Die beliebtesten Landschaften

Sauerland

„Eins von dä allerletzte Paradiese, kamma sagen“ – so brachte es Ruhrpott-Ikone Jürgen von Manger alias Adolf Tegtmeier seinerzeit unnachahmlich auf den Punkt. Denn schon seit Jahrzehnten ist das Sauerland preisgünstiges Urlaubsziel für Malocher aus dem nahen Ruhrgebiet. Entsprechend tauschte Ruhrpöttler Tegtmeier den in der Tombola gewonnenen Spanien-Urlaub unverzüglich gegen drei Wochen Sommerfrische im „Land der tausend Seen“ ein. Originalton Tegtmeier: „Ich bin doch nich' bescheuert!“ Dem ist eigentlich nur wenig hinzuzufügen. Vielleicht noch, dass das wald- und wasserreiche Mittelgebirge heute Erholungssuchende sogar aus dem Ausland anzieht. Vor allem im Winter: Dann wird auf den Hängen um die Kleinstadt Winterberg fast ausschließlich niederländisch gesprochen.

Platz 1 der beliebtesten Landschaften: das Sauerland, im Sommer und Winter beliebt bei Gästen

Top 15

Die beliebtesten Landschaften

1. Sauerland
2. Eifel
3. Ruhrgebiet
4. Münsterland
5. Niederrhein
6. Bergisches Land
7. Teutoburger Wald
8. Die Senne
9. Warburger Land
10. Siebengebirge
11. Siegerland
12. Wittgensteiner Land
13. Westfälische Mühlenstraße Minden-Lübbecke
14. Dreiländereck
15. Kölner Bucht

Die Eifel ist ein ideales Ziel für den erholsamen Wander-Kurzurlaub. Im Foto der Naturpark Nordeifel bei Kall

Eifel

Man spricht auch von der „grünen Hölle Nordrhein-Westfalens“ – scherzhaft, versteht sich. Aber die Farbe stimmt: Schließlich bietet das bewaldete und dünn besiedelte Mittelgebirge im Südwesten unseres Bundeslandes himmlische Natur in Hülle und Fülle. Und seit 2004 erleben gestresste Großstädter im Nationalpark Eifel ihr grünes Wunder: Hier stehen über 10000 Hektar Wasser, Wald und Wildnis unter besonderem Schutz. Das Allerbeste daran ist übrigens, dass dieses Refugium für Zivilisationsmüde nur 35 Kilometer südöstlich von Aachen entfernt liegt. Das Schutzgebiet zwischen Simmerath und Schleiden mit seinen Eichen- und Buchenwäldern und dichten Nadelgehölzen umfasst übrigens auch einen Teil der Seenlandschaft an der Urfttalsperre: also Wald und Wasser satt. Und wie in Nationalparks in den USA führen auch in der Eifel sogenannte Ranger die Besucher durch die Wildnis. Und die umfasst 1500 Tier- und Pflanzenarten. Dabei ist alles vertreten, was in der heimischen Flora und Fauna Rang und Namen hat – auch echte Stars wie Luchse, Wildkatzen, Rothirsche, Biber oder Schwarzstörche.

Auf Platz 2 der beliebtesten Landschaften: die Eifel, ein Wildnistraum für jeden Wanderer. Vereinzelt ist auch der Luchs wieder zu sehen.

Platz 4: Münsterland. Das ideale Fortbewegungsmittel im Münsterland ist das Fahrrad – oder die Leeze, wie man in Münster sagt.

Der „Kiepenkerl", Symbolfigur des Münsterlandes, erinnert an die fahrenden Händler zwischen Holland und Westfalen.

Münsterland

Der Drahtesel, oder wie man in Münster sagt: die „Leeze", ist das Fortbewegungsmittel der Wahl in der flachen und grünen Parklandschaft des Münsterlandes. Den vielen sehenswerten Burgen, Schlössern und alten Bauernhöfen rollt der Besucher gemächlich strampelnd entgegen – auf Hunderten von Kilometern gut ausgebauten Wegen durch grüne Felder und weite Fluren. Und zu sehen gibt's reichlich: Kaum eine andere Region weist so viele Herrensitze, Wasserschlösser und Burgen auf wie das Münsterland – zum Beispiel auf der „100-Schlösser-Route", einem der schönsten Radwanderwege im wahrscheinlich schönsten Bundesland der Welt. Zu den Herrensitzen kommen noch die typischen Bauernhöfe mit Wassergraben drumherum, die sogenannten Gräftenhöfe. Um die 850 wunderbare Schlösser und Burgen gibt es in NRW – und die schönsten davon sind im Münsterland zu finden.

Kult-Ermittler

Tatort Münster

Sie sind die absoluten Lieblinge der Fernsehkrimi-Fans: Der ewig brummelnde Hauptkommissar Frank Thiel und der selbstverliebte Rechtsmediziner Professor Karl-Friedrich Boerne. Ein wahrhaft ungleiches Duo: Hier der bodenständige Melancholiker Thiel, dort Boerne, ein eingebildeter Schwadroneur und nervender Schöngeist. Seit 2002 sind die Schauspieler Axel Prahl und Jan Josef Liefers Deutschlands beliebtestes Tatort-Ermittlerteam und verkörpern die beiden grundverschiedenen Ermittler mit viel Lust an der Komödie. So sind bis zu 11 Millionen Fernsehzuschauer sonntagabends mit von der Partie, wenn das Fadenkreuz des Vorspanns verblasst und die Kamera über den Aasee schwenkt, aus dem gerade eine Leiche geborgen wird. War es Mord? Das müssen, in widerwilliger Zusammenarbeit, Thiel und Boerne klären. Und ohne genüssliche Lästereien der Ermittler übereinander geht es dabei nicht ab: Vor allem Boerne mokiert sich ständig über das Bildungsniveau des St.-Pauli-Fans Thiel – und beschallt ihn nach Feierabend aus der Nachbarwohnung mit Wagner-Arien. Die geschliffenen Dialoge der beiden Protagonisten und nicht zuletzt die schrägen Nebenfiguren machen den Münster-Tatort zum Kult. Zum Beispiel Silke Haller alias „Alberich", Boernes kleinwüchsige Assistentin, die sich mit viel Witz gegen den ständigen Spott ihres Chefs wehrt. Oder Staatsanwältin Wilhelmine Klemm, die Frau mit der rauchigen Stimme, die unter Nikotinentzug leidet. Und auch der Vater des Kommissars, ist nicht aus dem Münster-Tatort wegzudenken: Schließlich bringt der taxifahrende Althippie Herbert Thiel seinen Sohn in so manche peinliche Situation. Nicht zuletzt das Lokalkolorit macht die Münster-Tatorte so beliebt: Kommissar Thiel ist – wie könnte es in Münster anders sein – ausschließlich mit dem Rad unterwegs und verspeist mit Intimfeind Boerne regelmäßig „Töttchen" und Pfefferpotthast. Und natürlich sind Außenaufnahmen aus Nordrhein-Westfalens schönster Innenstadt immer eine Augenweide. Auch wenn Münster sie kaum mehr nötig hat: Eine bessere Imagekampagne kann man sich kaum wünschen.

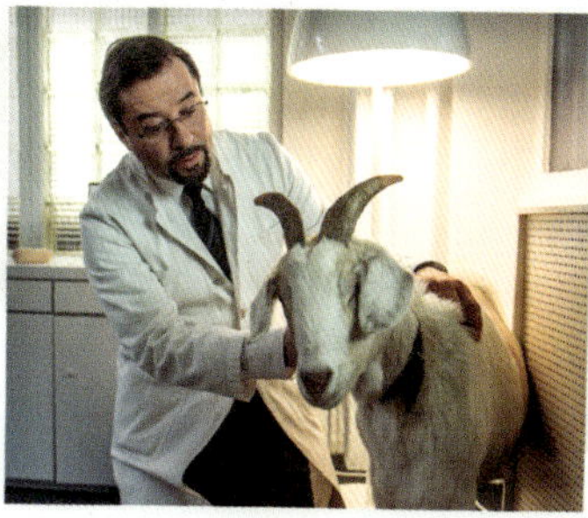

Professor Karl-Friedrich Boerne (Jan Josef Liefers) mit einem Verdächtigen

Hauptkommissar Frank Thiel (Axel Prahl) ist am Tatort wie immer skeptisch.

Am Dortmund-Ems-Kanal. Ruhig über perfekt ausgebaute Radwege dahingleiten – das bieten die vielen hundert Kilometer Radwegenetz im Münsterland.

Also, nichts wie hin ins Radfahrparadies Münsterland! Das Juwel zwischen holländischer Grenze und Ruhrgebiet ist ein ideales Naherholungsziel im grünen Norden Nordrhein-Westfalens.

Westfälische Mühlenstraße

Mal was ganz anderes: Ostwestfalen! Wussten Sie, dass es nirgends sonst so viele restaurierte historische Mühlen wie im Kreis Minden-Lübbecke gibt? Nämlich 43. Daher kann er sich mit Recht auch „Mühlenkreis" nennen: Ob Bockwind-, Ross- oder Wassermühlen – nicht nur, dass man hier faszinierende Technik hautnah erleben kann: Mühlsteine, die von Zahnrädern und Antriebswellen aus grob behauenem Holz bewegt werden. Die verschiedenen Mühlen lassen sich dank der flachen Landschaft dazwischen vor allem wunderbar „erradeln". Wer allerdings die ganze Mühlenstraße abfahren will, hat ganz schön zu tun: Sie ist insgesamt 300 Kilometer lang – zum Glück kommt alle paar Kilometer eine Mühle zum Besichtigen. Wie die „Hochzeitsmühle" in Tonnenheide: Genau wie man sich eine alte Windmühle vorstellt! Der sogenannte Galerieholländer, also eine Windmühle holländischen Stils mit Umgang (Galerie), hat auch schon gut 130 Jahre auf dem Buckel. Die Mühle wurde in den 90er-Jahren restauriert und kann heute besichtigt werden. Alternativ kann man sich hier das Ja-Wort geben – schließlich heißt sie nicht umsonst Hochzeitsmühle.

Auf Platz 13 der beliebtesten Landschaften: die Westfälische Mühlenstraße. Hier der Gallerieholländer in Eilhausen

Die beliebtesten Städte

Münster

Gibt es eigentlich eine Auszeichnung, die Münster noch nicht eingeheimst hat? Deutsche Klimahauptstadt, kinderfreundlichste Stadt Deutschlands und im Jahr 2004 Wahl zur lebenswertesten Stadt der Welt. Logisch, dass Münster auch die beliebteste Stadt der Nordrhein-Westfalen ist. Punkten konnte die Stadt an der Aa mit Kopfsteinpflaster und entspannter Atmosphäre. Denn Münster ist zwar Großstadt, hat sich aber seinen kleinstädtischen Charakter bewahrt. Vor allem das historische Zentrum verströmt jede Menge historischen Charme – am schönsten natürlich in seiner guten Stube, dem Prinzipalmarkt. Womöglich ist der Platz mit seinen Patrizierhäusern sogar einer der schönsten Straßenzüge der Welt! Und über den Treppengiebeln ragt die spätgotische Lambertikirche in den westfälischen Himmel. Freilich mit makabrem Turmschmuck: Hier hängen drei eiserne Käfige, in denen im 16. Jahrhundert die Leichen von Anführern der Wiedertäufer-Sekte zur Schau gestellt wurden. Eine immerwährende Mahnung an die Zeit des kurzlebigen „Täuferreichs von Münster“: Von 1534 an gaben Sekten-Gründer Jan van Leyden und seine fanatischen Anhänger einige Monate lang in

1 Platz 1 der beliebtesten Städte: Münster. Makabrer Turmschmuck an der Lambertikirche in Münster: die eisernen Käfige für die hingerichteten Anführer der Wiedertäufer-Sekte

Top 15

Die beliebtesten Städte

1. Münster
2. Monschau
3. Paderborn
4. Soest
5. Lemgo
6. Detmold
7. Bonn
8. Bad Münstereifel
9. Aachen
10. Minden
11. Warburg
12. Freudenberg
13. Blomberg (Ostwestfalen-Lippe)
14. Düsseldorf
15. Köln

Münster den Ton an. Heute sind es Studenten – zumindest prägen sie das Stadtbild: 50000 Studierende sind an den örtlichen Hochschulen eingeschrieben. Zu erkennen sind sie leicht: junge Menschen, die auf Fahrrädern zur nächsten Vorlesung hasten. Denn vor allem als Radfahrer-Metropole ist Münster berühmt – trotz Kopfsteinpflaster! Wobei nicht nur die Studenten Rad fahren. Etwa eine halbe Million Fahrräder hat man hier vor ein paar Jahren gezählt – nicht schlecht bei knapp 300000 Einwohnern. Die Münsteraner lieben eben ihre „Leeze", wie man den Drahtesel vor Ort nennt. Die Langfinger leider auch: Münster ist auch Hauptstadt des Fahrradklaus. Nirgends sonst im deutschsprachigen Raum werden so viele Räder geklaut wie hier. Also beim Münster-Besuch: Obacht und die Leeze immer schön fest anschließen!

Sehenswert in Monschau: Das „Rote Haus" der reichen Textilfabrikanten-Dynastie Scheibler vermittelt einen Eindruck von bürgerlicher Wohnkultur um 1800.

Monschau

Klein und fein – und mit einem pikanten „gewissen Etwas": Ein bisschen ist das Städtchen Monschau wie die Delikatesse, für die es berühmt ist. Nicht umsonst wurde dieses Schmuckstück der Eifel zur zweitbeliebtesten Stadt Nordrhein-Westfalens gewählt: Geprägt von schön erhaltenen Fachwerkhäusern liegt es eingebettet im Tal der Ruhr. Das „Rote Haus" aus dem 18. Jahrhundert, erbaut von der reichen Fabrikantenfamilie Scheibler, erinnert an die Zeiten, in denen Monschau ein Zentrum der Textilindustrie war. Eindrucksvoll zeigt hier die historische Einrichtung, wie reich die bürgerliche Wohnkultur vor 200 Jahren war. Vor allem das repräsentative Treppenhaus mit seinen Schnitzereien ist ein Augenschmaus. Apro-

22 Das Senfstädtchen Monschau in der Eifel bezaubert durch viel erhaltenes Fachwerk und jede Menge Atmosphäre. Die WDR-Zuschauer fanden: die zweitschönste Stadt in NRW.

Das barocke Schloss Hülshoff im Münsterland, der Stammsitz der Familie von Droste-Hülshoff

Land der 100 Schlösser, Gräftenhöfe und Herrensitze

Wasserburg Hülshoff

Hülshoff, Hülshoff – da war doch was? Natürlich: Annette. Annette von Droste-Hülshoff, um genau zu sein. Deutschlands größte romantische Dichterin, bekannt vor allem aus dem Deutschunterricht – Stichwort: „Die Judenbuche" – und vom Zwanzigmarkschein. Sie wurde am 10. Januar 1797 auf dem barocken Schloss Hülshoff im Münsterland geboren. Auf dem von einem Wassergraben umgebenen Stammsitz der Familie verbringt sie eine von Gesundheitsproblemen geprägte beengte Kindheit und Jugend. Erst nach dem Tod des Vaters, da ist sie Mitte zwanzig, zieht Annette mit ihrer Mutter ins „Rüschhaus" nach Nienberge. An Schloss Hülshoff erinnert sie sich in einem Gedicht – nicht ohne Wehmut: „Du Vaterhaus mit deinen Thürmen,/Vom stillen Weiher eingewiegt ..." Denn die leidenschaftliche Dichterin und Musikerin litt in der Jugendzeit lange an einer unerfüllten Liebe. Heute ist ihr einstiger Wohnsitz ein Museum, in dem natürlich auch Originalmanuskripte und persönliche Gegenstände von Annette von Droste-Hülshoff zu sehen sind. Und noch immer spiegelt sich das Schloss, das die gleiche ruhige Atmosphäre wie zu Lebzeiten der Dichterin verströmt, in der Gräfte.

Die romantische Dichterin Annette von Droste-Hülshoff (1797-1848 verbrachte ihre Kindheit und Jugend auf Schloss Hülshoff bei Havixbeck.

pos Schmaus: Der Monschauer Senf ist Feinschmeckern in aller Welt ein Begriff. In der historischen Monschauer Senfmühle erfährt man, wie die kleinen Körner zum aromatischen Mostrich werden. Spezialitäten wie Curry-, Estragon- und Feigensenf sind auch gleich vor Ort zu erwerben. Hoch über allem thront Burg Monschau, auf der heute während der Sommermonate Musikkonzerte und Aufführungen stattfinden. Im Jahr 1971 war sie Schauplatz einer umstrittenen Kunstaktion: Der damals noch unbekannte Verpackungskünstler Christo ließ einen Teil des Bauwerks hinter Planen verschwinden. Seinerzeit ein Aufreger für viele Eifler, heute allerdings ist man vor Ort ziemlich stolz darauf.

Minden

Kreischende Möwen und eine alte Hansestadt an der Weser – in Minden glaubt man sich schon in Norddeutschland. Aber das stimmt nur fast: Wir sind noch immer im besten Bundesland der Welt, wenn auch in dessen nördlichstem Zipfel. In Minden lohnt nicht nur der Spaziergang durch die Altstadt, in der alte Häuser aus allen möglichen Epochen, in Fachwerk oder aus Stein, stehen. Vor allem die Treppengiebel im Stil der Weserrenaissance beein-

Platz 10 der beliebtesten Städte: Minden. Der historische „Schiffsaufzug" am Wasserstraßenkreuz Minden: die Schachtschleuse aus der Kaiserzeit

Erkennbar am markanten Mühlrad: Der Nachbau einer historischen Mindener Schiffmühle liegt unweit der Mindener Altstadt in der Weser – heute eine Rarität.

drucken. Und natürlich der uralte Dom. Der steht immerhin schon seit der Zeit Karls des Großen hier. Heute ist Minden kein Bischofssitz mehr, sondern eine moderne Industriestadt am Wasser – und ein wichtiger Verkehrsknotenpunkt, dank dem Mindener Wasserstraßenkreuz: hier kreuzen sich Mittellandkanal und Weser.

An diesem Dreh- und Angelpunkt zwischen den Seehäfen der Nordsee und den Städten des Ruhrgebiets wechseln Binnenschiffer von einer „Schiffsautobahn“ auf die andere. Den Höhenunterschied von 13 Metern überwinden sie dabei spielend mit einem technischen Meisterwerk aus der Kaiserzeit: Seit 100 Jahren gibt es den Aufzug für schwere Kähne. Und noch ein Technikdenkmal am Wasser hat Minden zu bieten: Vor der Altstadt liegt die Mindener Schiffmühle mit ihrem markanten Mühlrad im Fluss. Auf den ersten Blick eine Kreuzung aus Scheune und Mississippi-Dampfer. Früher waren solche Schiffmühlen sehr weit verbreitet. Hier, in der Hauptstadt des westfälischen Mühlenkreises, wurde ein Modell des 18. Jahrhunderts nachgebaut – übrigens die einzige voll funktionsfähige schwimmende Mühle Europas.

Blomberg

Staatsbesuch in einer lippischen Kleinstadt? Tatsächlich: Am 7. März 2005 streift die internationale Politik das beschauliche Blomberg im Weserbergland. Deutsch-französische Konsultationen vor Fachwerk-Kulisse sind angesagt. Kulisse? Die historischen Fassaden sind alle echt, denn Blomberg verzaubert durch eine fast komplett erhaltene Altstadt aus dem 16. und 17. Jahrhundert. In diesem historischen Ambiente trifft sich Bundeskanzler Schröder mit dem französischen Präsidenten Jacques Chirac, auch die Außenminister Fischer und Barnier sind vor Ort. Für die „Blume des Lipperlands" als Ort des Treffens hat sich Schröder nicht nur wegen ihrer Schönheit entschieden. Da gab es auch private Gründe: Blombergs Ortsteil Mossenberg ist nämlich sein Geburtsort. Der SPD-Kanzler wuchs im Weserbergland auf – in sehr ärmlichen Verhältnissen, wie er nach Ende seiner Amtszeit durchblicken lässt. Als Staatsbesuch-Gastgeber aber logiert er zusammen mit Chirac im schicken Burghotel. Zwischen Pressekonferenz und gemeinsamem Mittagessen finden Kanzler und Präsident noch Zeit für einen kleinen Rundgang durch die Altstadt – inklusive Bad in der Menge. Übrigens ist Schröder nicht der einzige prominente Sozialdemokrat mit Blomberger Vergangenheit: Auch Frank-Walter Steinmeier stammt aus dem Lipperland und besuchte in den 70er-Jahren das Blomberger Gymnasium.

Deutsch-französisches Gipfeltreffen in Blomberg: Kanzler Schröder und Präsident Chirac am historischen Blomberger Rathaus

Die „Blume des Lipperlands" fasziniert durch ihre Altstadt.

Rheinische Spezialität

Aachener Printen

Am Anfang der Printe steht Zucker – viel Zucker. Und exotische, weihnachtliche Gewürze wie Muskatnuss, Lebkuchengewürz und Zimt. Solche Zutaten führten dazu, dass dieses Lebkuchen-artige Gebäck früher sogar in Apotheken verkauft wurde. A propos Geschichte – die Printe als solche hat davon schon ein paar Jahrhunderte auf dem Buckel. Ist die Printe so hart, weil sie so alt ist? Das können nur Lästermäuler fragen. Leckermäuler wissen: Printen gibt es in verschiedenen „Härtegraden" – auch Weichprinten mit und ohne Schokoüberzug. Die „Ur-Printe" allerdings ließe sich als süßer, trockener und harter Lebkuchen beschreiben, den man auf der Zunge zergehen lässt – zerbeißen zwecklos! Der Vorfahr der Aachener Spezialität kam vor Jahrhunderten aus dem belgischen Ort Dinant ins Rheinland. Als sogenanntes „Gebildbrot" in Menschen-, Tier- oder Pflanzenform waren die „couques de Dinant" dort schon seit dem Mittelalter bekannt. Auch die Aachener Printe schmeckte früher nicht nur lecker, sie sah auch gut aus. Der süße Teig wurde in Bildformen gedrückt und kam dann beispielsweise in Form von Heiligenfiguren aus dem Ofen. Daher auch der Name: Denn „printen", das weiß schließlich jeder Computerbesitzer, bedeutet so viel wie „drucken". Auf die extravagante Formgebung wird heute verzichtet, aber zum Glück nicht auf Zuckerrübensirup und Kandiszucker. Was aber genau die Printe so würzig macht, dazu schweigen sich Aachener Bäcker und Printenfabrikanten beharrlich aus – jeder Hersteller hält seine Gewürzmischungen geheim. Aus einem Klassiker der rheinischen Küche ist die Printe übrigens nicht wegzudenken: Die Soße zum rheinischen Sauerbraten wird erst dann so richtig würzig und sämig, wenn darin ein paar Kräuter-Printen aufgelöst werden.

Aachener Printen in verschiedenen Varianten. Aber ob Gewürz, Kräuter-, Prinzess- oder Schokoladenprinten – lecker sind sie alle!

4 Platz 4: Einer der schönsten Wanderwege in Nordrhein-Westfalen: Der Rothaarsteig führt über den Kahlen Asten von Brilon nach Dillenburg.

Top 15

Die schönsten Wanderwege

1. 100-Schlösser-Route/ Münsterland
2. Rheinsteig
3. RuhrtalRadweg
4. Rothaarsteig/ Kyrill-Pfad
5. Eifelsteig
6. Hermanns-wanderweg
7. Jakobsweg
8. Rhein-Ruhr-Weg
9. Drei-Seen-Route (Eifel)
10. Niederrheinroute E8
11. WestfalenWanderWeg
12. Mühlenweg im Wiehengebirge
13. Eggeweg
14. Wittgensteiner Schiefernpfad
15. Olsberger Kneippwanderweg

Die schönsten Wanderwege in NRW

RuhrtalRadweg

Es ist ein Wanderweg der Extraklasse – auch wenn hier weniger Schusters Rappen gefragt ist als vielmehr das Rad. Schließlich heißt er ja auch RuhrtalRadweg – mit großem Binnen-R. 230 Kilometer sind es von der Quelle bis zur Mündung, denn der Radwanderweg Nummer eins im Wanderland Nummer eins folgt dem Flusslauf der Ruhr. Und die lieh ja bekanntlich dem Industriegebiet ihren Namen. Also vorbeiradeln an Zechentürmen, Schloten und Beton? Grün fängt die Strecke zumindest schon mal an: Die Ruhr entspringt im grünen Rothaargebirge bei Winterberg. Wo es übri-

780
Oberhausen
Bochum
Essen
Witten
Schwerte
Duisburg
Hagen
Velbert

Platz 3 der schönsten Wanderwege: der RuhrtalRadweg. Wo die Ruhr in den Rhein fließt, steht die Skulptur „Rheinorange".

gens auch im Sommer schön ist. Und das besonders für Radler: „Bike Arena Winterberg" lautet das Zauberwort. Im Umkreis des Wintersportorts sind 1700 Kilometer beste Strecke aller Art für Rennradler, Mountainbiker und Freizeitradler ausgeschildert. Doch wir bleiben an der Ruhr. An deren Ufer pedaliert es sich zunächst ganz gemächlich immer nach Westen. Ah – diese Ruhe! Allein allerdings bleibt man hier selten: Denn schon kurz, nachdem der RuhrtalRadweg 2006 neu beschildert war, wurde er auch schon zur „Radroute des Jahres in Nordrhein-Westfalen" gewählt. Das war 2007, und seitdem stehen die Räder hier nicht still. Die Ruhr-Route bietet ja auch ein schönes Kontrastprogramm: Am Anfang zunächst ländlich und naturnah, streift sie zunehmend auch Städte – und selbstredend auch viele Zeugnisse der industriellen Vergangenheit. Denn ohne Kohle und Kumpels geht nichts im Tal der Ruhr. Schließlich liegt hier, genauer: im Wittener Muttental, die Wiege des Industrie- und Kohlenreviers: Vor 500 Jahren fand man hier die erste Kohle der Region. Grund genug für einen Besuch auf Zeche Nachtigall! Und weiter geht's, vorbei am Baldeneysee und an der Villa Hügel (Essen) durch das wunderbar grüne Ruhrtal hin zum Industriedenkmal Gasometer (Oberhausen) – um dann bei Duisburg-Ruhrort die Ruhr in den Rhein münden zu sehen.

Entspannt das Ruhrtal erradeln – die Villa Hügel in Essen liegt am Weg.

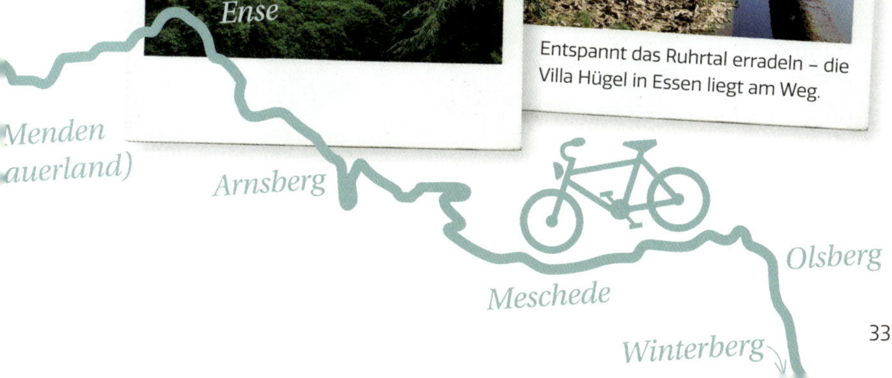

Rothaarsteig/Kyrill-Pfad

Erst der unglaubliche Erfolg des Rothaarsteigs setzte das Wanderland Nordrhein-Westfalen „auf die Landkarte" vieler Wanderfreunde: 2011 wurde er nämlich vom Deutschen Wanderinstitut als „Premiumweg" ausgezeichnet – da gab es ihn gerade zehn Jahre. Die 154 Kilometer Wanderweg auf dem Rothaarkamm zwischen dem sauerländischen Brilon und dem hessischen Dillenburg haben auch so ziemlich alles, was das Herz des Genusswanderers höherschlagen lässt: Einsamkeit und Natur, aber auch Kontrastprogramm wie – Kunst. Tatsächlich. Am „Waldskulpturenweg" stehen 11 imposante Holzskulpturen mitten im Wald. Die spektakulärste von ihnen ist sogar begehbar. Schwindelfrei allerdings sollte man sein: Es handelt sich nämlich um eine schwankende, 40 Meter lange Hängebrücke über einem Taleinschnitt. Und das ist noch nicht alles: Auch das Wüten eines Orkans gehört zur Natur, wovon man sich beim Schmallenberger Ortsteil Schanze überzeugen kann. Als im Januar 2007 das Sturmtief „Kyrill" auch viele Hänge im Rothaargebirge kahl schlug, befürchteten viele das Ende des Wanderparadieses. Doch das Gegenteil trat ein: Zwischen umgestürzten Bäumen und in den Himmel ragenden Wurzeltellern zeigt hier der „Kyrill-Pfad", was der Sturm angerichtet hat – und jede Menge interessierte Wanderer gucken sich das an. Auch Wanderpapst Manuel Andrack ist überzeugt: „Kyrill hat dem Rothaarsteig gut getan." Schließlich gibt es jetzt am Weg Ausblicke, wo vorher keine waren. Und neuerdings sieht man auch Anblicke, wo vorher keine waren – aber daran ist Kyrill unschuldig. Das Nacktwandern wird auf dem Rothaarsteig immer beliebter. Da bekommt der Slogan „Natur pur" noch einmal eine ganz andere Bedeutung.

Der Rothaarsteig bietet als Kammweg 154 km schönste Waldwanderrouten. Das liegende „R" ist das Symbol des 2001 eröffneten Premium-Wanderwegs.

Eine der 11 Holzskulpturen auf dem Waldskulpturenweg auf dem Rothaarsteig: die 40 Meter lange, spektakuläre Hängebrücke mitten im Wald

Jakobsweg

Der Weg ist das Ziel? Nun, bei den meisten Wanderern ist das so. Pilger sind da anders. Besonders die Wallfahrer auf dem Jakobsweg: Einerseits geht es um spirituelle Erfüllung. Schließlich ist Pilgern „Meditation mit den Füßen" – und der stetige Geh-Rhythmus eine anstrengende, aber wohltuende Exterzitie für den modernen Sinnsucher. Und dann will er natürlich erreicht sein, der Ort am Ende aller Straßen: Santiago de Compostela. Allerdings liegt das Grab des Apostels Jakobus im fernen Spanien, gut 2000 Kilometer weit weg vom schönsten Bundesland der Welt. Nur gut, dass es auch in Nordrhein-Westfalen eine ganze Reihe „Zubringer" zu Europas wichtigster Pilgerroute gibt. Erkennbar immer an der Jakobsmuschel, dem Symbol des Jakobswegs. Und wen die Füße nicht bis zur Atlantikküste tragen, der schafft es vielleicht immerhin nach Köln. Da ist es auch schön, und die spirituelle Komponente kommt hier keinesfalls zu kurz: Schließlich ist Köln ein traditionsreicher Wallfahrtsort. Und sind die im Kölner Dom verehrten Heiligen Drei Könige nicht etwa die Urväter aller christlichen Pilger? Ein Startpunkt des Jakobswegs ist beispielsweise das westfälische Kloster Corvey. Vorbei an der alten Bischofsstadt Paderborn wallfahrtet man hier über Soest in Richtung Dortmund und dann weiter

Platz 9 der schönsten Wanderwege: die Drei-Seen-Route in der Eifel

Nicht ganz der Amazonas, aber doch mit sehr viel Wasser: der Rursee, zu erwandern auf der Drei-Seen-Route

Selbstverherrlichung der Nazi-Elite: Skulptur auf der ehemaligen „Ordensburg" Burg Vogelsang

nach Wuppertal. Wer hier noch kann, hängt noch das letzte Stückchen durch's Bergische Land in Richtung Domstadt dran. Also: Wenn auch Nordrhein-Westfalen genügend Jakobsweg bereithält – wer braucht da noch die Pyrenäen?

Drei-Seen-Route (Eifel)

Man nennt sie auch „Amazonas der Eifel": die Talsperren Urftsee, Obersee und Rursee. Na gut, vielleicht ist das ein bisschen hoch gegriffen – der echte Amazonas ist tatsächlich ein bisschen breiter und länger. Doch die faszinierende Kombination aus „üppig grüner Vegetation" und „beeindruckend großer Wasserfläche" ist so perfekt umschrieben. Obwohl – Worte allein geben kaum einen Eindruck von der Schönheit der Eifeler Seenplatte. Vielleicht helfen ja Zahlen: Rursee und Obersee zusammen bilden die zweitgrößte Talsperre Deutschlands mit 8 Quadratkilometern Wasserfläche, zusammen mit dem Trinkwasser-Reservoir Urftsee ist die Seenlandschaft 22 Kilometer lang. Auf gut 50 Kilometern Wanderweg kann man das „Eifeler Dreigestirn“ auf der Drei-Seen-Route umrunden – schließlich ist Wandern am Wasser immer ein besonderer Genuss! Wem die Strecke doch zu lang wird, der kürzt mit einem Schiff der Rursee-Flotte ab. Sehenswert ist die gewaltige Staumauer der Urfttalsperre: 58,5 Meter ist sie hoch und an der oberen Kante 226 Meter lang. Als das technische Meisterwerk im Beisein von Kaiser Wilhelm 1905 eröffnet wurde, war es die höchste Staumauer Europas. Und was kann man außer Wandern, „Bötchenfahren“ und Staumauern-Gucken noch machen? Na, einen Abstecher in den nahe gelegenen Nationalpark – den wildesten Teil der Eifel. Der hat auf einer Fläche von über 17000 Fußballfeldern fast unberührte Natur zu bieten – und eine Tierwelt, die von der Sklavenameise bis zur Wildkatze reicht. Erwandern kann man den Nationalpark auf 200 km Wanderwegen. Ein Wildnistraum für jeden Wanderer!

Platz 7 der schönsten Wanderwege in NRW: Der Jakobsweg verläuft in Teilstücken auch durch Nordrhein-Westfalen. Wem Santiago de Compostela zu weit ist, der pilgert nach Köln zum Dreikönigenschrein.

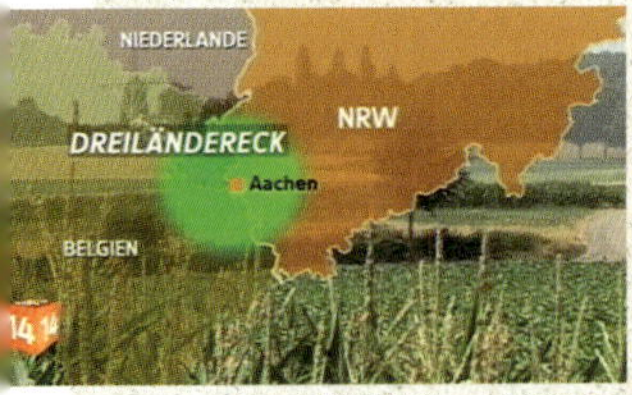

Vielfalt und gelebte Tradition

Ländliches NRW: überraschend ursprünglich

In unserem schönen Bundesland gibt es Einiges zu entdecken. Denn Nordrhein-Westfalen bietet neben landschaftlicher Schönheit unzählige großartige Erholungs- und Wandermöglichkeiten. Und an der Strecke liegt immer Sehens- und Erlebenswertes unterschiedlicher Art. Das reicht vom Ausblick auf Seenlandschaften über urige Bauernhöfe und alte Schlösser bis hin zu früheren Industrielandschaften, in denen moderne Skulpturen stehen. Denn in Nordrhein-Westfalen ist Vieles überraschend – auch überraschend ursprünglich. Denn an vielen Orten haben Menschen Wege gefunden, Traditionen zu pflegen und trotzdem in der modernen Zeit zu leben.

Top 15

Die beliebtesten Landschaften

1. Sauerland
2. Eifel
3. Ruhrgebiet
4. Münsterland
5. Niederrhein
6. Bergisches Land
7. Teutoburger Wald
8. Die Senne
9. Warburger Land
10. Siebengebirge
11. Siegerland
12. Wittgensteiner Land
13. Westfälische Mühlenstraße Minden-Lübbecke
14. Dreiländereck
15. Kölner Bucht

Im Freilichtmuseum Detmold wird ländliche Tradition erlebbar.

Die Skulptur Himmelsleiter auf der Halde Rheinelbe in Gelsenkirchen

Top 15

Die beliebtesten Städte

1. Münster
2. Monschau
3. Paderborn
4. Soest
5. Lemgo
6. Detmold
7. Bonn
8. Bad Münstereifel
9. Aachen
10. Minden
11. Warburg
12. Freudenberg
13. Blomberg (Ostwestfalen-Lippe)
14. Düsseldorf
15. Köln

Top 15

Die schönsten Wanderwege

1. 100-Schlösser-Route/ Münsterland
2. Rheinsteig
3. RuhrtalRadweg
4. Rothaarsteig/ Kyrill-Pfad
5. Eifelsteig
6. Hermanns-wanderweg
7. Jakobsweg
8. Rhein-Ruhr-Weg
9. Drei-Seen-Route (Eifel)
10. Niederrheinroute E8
11. WestfalenWanderWeg
12. Mühlenweg im Wiehengebirge
13. Eggeweg
14. Wittgensteiner Schiefernpfad
15. Olsberger Kneippwanderweg

Top 10

Die schönsten Bauernhöfe

1. Vennhof Korsten, Monschau-Höfen (Eifel)
2. Meierhof Rassfeld, Münsterland
3. Beckershalber Hof, Niederrhein
4. Hof Dambach, Wittgensteiner Land
5. Gut Erpenbeck, Lengerich, Münsterland
6. Eggerather Hof, Erkelenz-Holzweiler
7. Biohof Haus Bollheim, Zülpich
8. Bauernhof „Schulzes Hof", Ravensberger Land
9. Hof Wachelau, Münsterland
10. Hof und Burg Konradsheim (bei Erftstadt)

Die „Landlust" macht auch in NRW nicht an den Stadtgrenzen Halt!

Noch heute ist das Bild des Münsterlandes geprägt durch weite Felder, zwischen denen die typischen roten Dächer der Bauernhöfe auftauchen.

Die schönsten Bauernhöfe in NRW

Vennhof Korsten

„Monschauer Heckenland“ wird er genannt, der Landstrich am Übergang zwischen Eifel und Hohem Venn ganz im Westen Nordrhein-Westfalens. Weil hier früher richtig raues Klima herrschte, stehen bis heute hohe Hecken an den Wetterseiten der alten Bauernhöfe. Auch am Vennhof Korsten ist das schöne Fachwerkhaus mit dem Reetdach hinter so einem grünen Windschutz verborgen. Es ist ein wunderbar restauriertes Schmuckstück, an dem sich Hofherr Günther Korsten täglich erfreut. Vor zwanzig Jahren suchte der Unternehmer im Ruhestand noch einmal eine neue Herausforderung. Im kleinen Ort Höfen bei Monschau wurde er fündig. Es war Liebe auf den ersten Blick. Und so wurde der Erhalt des schönen Bauernhofs zu Korstens Herzensangelegenheit – bis heute. Allerdings erlebte Korsten bei der Restaurierung auch so manche unangenehme Überraschung: Wände brachen zusammen und stellten sich als verschimmelt oder vermodert heraus. Der rüstige Pensionär gibt zu, dass er auch mal zweifelte, ob er den Umbau „stemmen“ könne: „Aber ich habe durchgehalten.“ Und das hat sich wirklich gelohnt. Heute beeindruckt vor allem Korstens Wohnzimmer: Die gute Stube

Top 10
Die schönsten Bauernhöfe

1. Vennhof Korsten, Monschau-Höfen (Eifel)
2. Meierhof Rassfeld, Münsterland
3. Beckershalber Hof, Niederrhein
4. Hof Dambach, Wittgensteiner Land
5. Gut Erpenbeck, Lengerich, Münsterland
6. Eggerather Hof, Erkelenz-Holzweiler
7. Biohof Haus Bollheim, Zülpich
8. Bauernhof „Schulzes Hof“, Ravensberger Land
9. Hof Wachelau, Münsterland
10. Hof und Burg Konradsheim (bei Erftstadt)

Der Bauernhof Nr. 1 in Nordrhein-Westfalen: Günther Korstens Vennhof, den er in jahrelanger Arbeit liebevoll restauriert hat – bis hin zum original reetgedeckten Dach

im ehemaligen Pferdestall ist ein vom Erdgeschoss bis zum Dach durchgehender Raum mit freigelegten Holzbalken. Korsten wollte das alte Haus zwar modernisieren, aber seinen urigen Charakter erhalten. Und so musste auch das neue Dach wieder ein traditionelles, für die Region typisches Reetdach sein – das wollte auch der Denkmalschutz so. Reichlich Arbeit für die Reetdachdecker, denn auch Profis brauchen über drei Wochen für ein neues Dach. Doch das Ergebnis überzeugt, nein: verzaubert. Nicht umsonst wurde Korstens Vennhof zum schönsten Bauernhof Nordrhein-Westfalens gewählt, wenn auch der restaurierte Vennhof und sein Garten ständige Pflege erfordern. Aber die selbstgewählte Aufgabe ist Günter Korstens Lebenselixier und hält ihn in Form: Wie gut, dass dieser schöne Hof seine Herzensangelegenheit geworden ist.

Der ehemalige Pferdestall ist heute ein gemütliches Wohnzimmer mit Holzbalken.

Das Ehepaar Schmitz schaut sich alte Fotos des Hofes an.

Der Eggerather Hof, ein ehemaliges Rittergut in der Erkelenzer Börde. Das Hauptgebäude aus dem Jahr 1751 und das historische Hoftor

Eggerather Hof

Auf dem Eggerather Hof, der von Bäumen umgeben in der flachen rheinischen Bördelandschaft liegt, atmet noch manches den Geist vergangener Zeiten. Dabei hat auch die Gegenwart auf einem der schönsten Bauernhöfe Nordrhein-Westfalens dezente Spuren hinterlassen. Aber Familie Schmitz hat bei der Wiederherstellung ihres fast 300 Jahre alten Vierkanthofs eine gute Balance zwischen Tradition und der Anpassung an moderne Zeiten gefunden. Das Resultat kann sich sehen lassen: Heute duftet an der Stelle, wo einst der Misthaufen dampfte, ein Hochbeet mit Rosenpflanzen, Kräutern und Gemüse. Gleich nebenan wurde das frühere Plumpsklo umfunktioniert: Das Toilettenhäuschen ist nun ein Winterquartier für den Hofhund. Das Heim der Familie selbst ist das ehemalige Herrenhaus des Ritterguts. Schon beim Eintritt in die Diele betritt der Besucher historischen Boden: in

Form von schön erhaltenen Fliesen mit ornamentalem Dekor. Auch sonst herrscht im Treppenhaus dank hölzerner Vertäfelung wunderbar heimelige Atmosphäre. Der heutige Zustand ist Lohn langer Mühen: Mit allem Drum und Dran dauerte die allmähliche Sanierung über zwei Jahrzehnte. Aber so gelang es, auf dem Hof, dessen Wurzeln bis ins zwölfte Jahrhundert zurückreichen, die Atmosphäre der „guten alten Zeit" zu erhalten. Denn Rolf und Petra Schmitz sehen sich in der Pflicht, landwirtschaftliche Tradition und alte Bausubstanz zu bewahren – Sohn Stefan geht es nicht anders. Der junge Landwirt wünscht sich, den Hof noch lange weiterführen zu können. Dabei rückt der benachbarte Braunkohletagebau Garzweiler stetig näher. Vom Hof aus sind die Aufbauten der gewaltigen Braunkohlebagger in einigen Kilometern Entfernung schon deutlich zu erkennen. In etwa zwanzig Jahren wird es das frühere Rittergut bei Erkelenz-Holzweiler wohl nicht mehr geben: Hof und Gemeinde sollen umgesiedelt werden.

Geheimtipp

Die Senne

Noch ist das Heidekraut an vielen Stellen von Panzerspuren zerfurcht, noch ist gut die Hälfte der Senne militärisches Sperrgebiet. Dennoch ist sie ein echter Landschaftstraum: Trotz Panzerketten und gelegentlichem Geschützdonner hat sich hier eine unglaublich reiche Tier- und Pflanzenwelt etabliert; rund 5000 Tier- und Pflanzenarten finden hier ein Refugium. Darunter sind an extreme Bedingungen angepasste Pflanzen, die auf dem sehr kargen, sauren Sandboden gedeihen, sowie selten gewordene Amphibien wie Kreuzkröte, Moorfrosch und Feuersalamander. „Senne" – lange war das in Westfalen gleichbedeutend mit einem öden und wüsten Landstrich. Aber das könnte sich bald ändern: Die Senne soll nach dem Abzug der britischen Rheinarmee als bedeutendste Heidelandschaft Nordrhein-Westfalens unter Schutz gestellt werden – womöglich gar als Nationalpark.

Staatsgäste und Folk-Musikanten

Schloss Gymnich

Das kleine, aber feine Barockschloss hat eine ziemlich schillernde Vergangenheit. Und die liegt noch gar nicht so lange zurück. Sicher, ein Schloss existiert hier schon seit dem Mittelalter, wenn auch das heutige Gemäuer „erst" viereinhalb Jahrhunderte alt ist. Aber zwischen 1972 und 1990 gab sich auf Schloss Gymnich reichlich Prominenz die barocke Klinke in die Hand, darunter Größen wie der spanische König Juan Carlos, der sowjetische Staats- und Parteichef Breschnew und der rumänische Diktator Ceauçescu. Denn fast zwei Jahrzehnte lang nutzte die deutsche Bundesregierung, damals noch mit Sitz im nahen Bonn, das schicke Anwesen als Gästehaus. Als die Bundesregierung nach der Wiedervereinigung ihr altes Gästehaus auf dem Petersberg wieder in Betrieb nahm, gingen auf Schloss Gymnich erst einmal die Lichter aus. Der Umbau zum mondänen Schlosshotel folgte. Doch nach Hotel-Pleite und mehrmaligem Besitzerwechsel wurde es dann ab 1998 richtig haarig: Der amerikanisch-irische Folkpop-Patriarch Dan Kelly erwarb das Anwesen und zog mitsamt dem singenden Familienclan aufs Schloss. Nicht unbedingt zur Freude der Nachbarn, denn Heerscharen zumeist jugendlicher Fans kampierten nun vor Gymnich. Nach dem Tod von Vater Kelly im Jahr 2002 herrschte Uneinigkeit zwischen den zwölf Erben: Verkaufen oder umbauen? Nach langem Hin und Her erwarb im Spätsommer 2012 ein Kölner Privatmann das Anwesen, inklusive 270000 Quadratmeter großem Park, bei einer Zwangsversteigerung – für den Spottpreis von drei Millionen Euro.

Ab dem Jahr 1998 war Schloss Gymnich im Blick der Medien: Der singende Familienclan der Kelly Family zog auf dem Höhepunkt ihres Ruhms ins Schloss in der Erftaue. Und Heerscharen jugendlicher Fans zogen hinterher.

Platz 7: Nah an der Natur: Die Menschen, die auf dem Bio-Barock-Hof Bollheim arbeiten, lieben ihr Handwerk und das Landleben.

Biohof Haus Bollheim

Bäcker und Bauern haben etwas gemeinsam: Beide müssen früh munter sein. Somit ist der Biohof Haus Bollheim eindeutig ein Hof der Frühaufsteher. Denn ein Teil der Erzeugnisse aus biologisch-dynamischer Landwirtschaft wird gleich vor Ort verarbeitet: Die hofeigene Bäckerei backt köstliches Biobrot aus dem Demeter-Getreide aus der Zülpicher Börde. Der Hof selbst hat tiefe Wurzeln in der Region: Ursprünglich stand ein barockes Schloss hier, von dem aber nur der Gutshof erhalten ist. Der war in ziemlich desolatem Zustand, als Hans von Hagenow ihn 1982 mit zwei anderen Pächtern übernahm. Jahrelange harte Arbeit kostete es, den alten Hof mit dem Wassergraben zum „Bio-Barockhof" umzubauen. Heute können sich hier 50 Menschen ihren Traum vom Landleben und von der Arbeit in einem historischen Gemäuer verwirklichen. Auch für den Bollheimer Bäcker Jürgen Zippel steht Rückbesinnung auf Tradition und Region im Vordergrund. Und natürlich die Wiederbelebung alten Handwerks: Für seine Bio-Backwaren werden nur biologisch angebauter Roggen, Weizen, Dinkel oder Emmer verwendet – das ist das älteste, heute fast vergessene Brotgetreide Europas. Alles macht er von Hand, außer Mahlen und Kneten. Aber gemahlen

Steinplatte mit Engelchen: Der barocke „Bollheim-Engel" wurde beim Säubern eines Grabens auf dem Hof gefunden.

Hans von Hagenow, seit 1983 Pächter auf Haus Bollheim, schätzt die Verbindung zur Vergangenheit.

wird in der eigenen Mühle. Auch die preisgekrönten Käsespezialitäten von Wolfgang Schultz-Balluw entstehen in Handarbeit. Und dessen Bio-Käse, egal, ob mit Möhre, Kreuzkümmel oder Basilikum, brauchen ganz schön viel Aufmerksamkeit: Während der Reifezeit des Käses muss er jeden Laib täglich anfassen, drehen und mit Salzwasser „schmieren". Auch er schätzt das besondere Gefühl der Verbundenheit mit der Vergangenheit am geschichtsträchtigen Ort. Gutsherr Hans von Hagenow zeigt auf eine in die Hauswand eingelassene alte Steinplatte mit einem barocken Engelchen. Vor einigen Jahren wurde der „Bollheimer Engel" beim Säubern eines alten Grabens gefunden. Er wurde für Hagenau zum Symbol für seine Beziehung zur Geschichte des Hofes: „Es ist schön, wenn man etwas hat, was an das Lebensgefühl der Menschen, die vielleicht vor zwei- oder dreihundert Jahren hier gelebt haben, anschließt."

Ideal für Wassersport – oder einfach nur für Ausflugsfahrten: der Baldeneysee südlich von Essen

Naherholung im südlichen Ruhrgebiet

Baldeneysee/Ruhrseen

In der Ferne ist er hinter ein paar Baumwipfeln doch noch zu sehen: der filigrane Förderturm der Zeche Karl Funke. Ansonsten sieht's hier nach allem anderen aus – nur nicht nach Ruhrrevier. Waldumsäumte Ufer, sanft geschwungene Hänge, auf dem Wasser sind Kanuten und Segler unterwegs. Ein leichter Wind kräuselt den Baldeneysee . Das Ruhrtal ist die grüne Seele des Ruhrgebiets – hier ist das Revier am schönsten. Stahlmagnat Alfred Krupp wusste das, als er seine monumentale Villa Hügel hier vor 140 Jahren in den Hang bauen ließ. Damals allerdings gab es den See noch nicht: Erst Anfang der 30er-Jahre wurde die Ruhr südlich von Essen aufgestaut, und das Naherholungsgebiet rund um den größten Ruhrsee entstand. Damals wie heute kann man mit den Booten der „Weißen Flotte" einen Törn über den Baldeneysee zwischen Essen-Kupferdreh und Essen-Kettwig machen und dabei das mittelalterliche Schloss Baldeney und die Villa Hügel vorüberziehen lassen. Auch ein traditionsreiches Freibad befindet sich am Seeufer. Die Schwimmbecken sind zwar schon lange trocken, dafür ist jetzt Abhängen angesagt: in Hängematten unter Palmen. Für die Aktiveren ist Beachvolleyball oder Surfen im Angebot. Und eine schicke Strandbar gibt es auch. Nicht ganz die Karibik, aber fast: Am Baldeneysee liegt der Traumstrand im südlichen Ruhrgebiet.

Gut Erpenbeck

Frischer Münsterländer Spargel und ein paar Scheiben feiner Schinken dazu – das ist eine Traumkombination. Das dachte sich auch die Mutter des Gutsherrn Ulrich Erpenbeck. Und so begann sie vor über vierzig Jahren damit, zusätzlich zum Verkauf hofeigenen Spargels westfälischen Schinken zu produzieren. Eine Erfolgsstory, denn heute ist der westfälische Knochenschinken von Gut Erpenbeck im Münsterland eine bundesweit nachgefragte Spezialität. Und ein echtes Münsterländer Original. Denn bei der Herstellung wird streng auf Tradition geachtet. Antibiotika, Konservierungsmittel und Geschmacksstoffe sind tabu. Dagegen ist alles eine Frage der Zeit: Nur wenn er über Monate kalt geräuchert und luftgetrocknet wurde, entsteht der typische Geschmack. Im Hofladen von Gut Erpenbeck unweit von Lengerich im Tecklenburger Land ist die westfälische Gaumenfreude zu erwer-

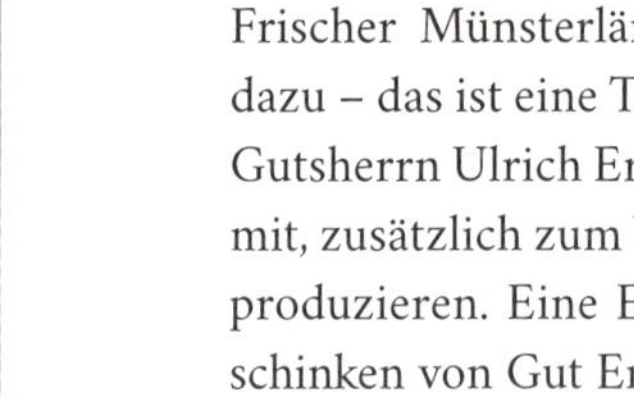

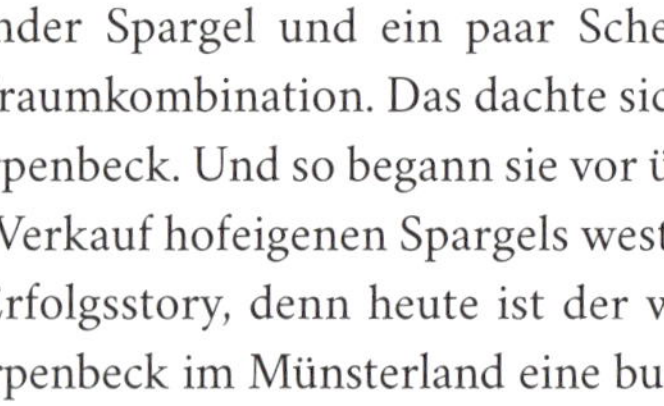

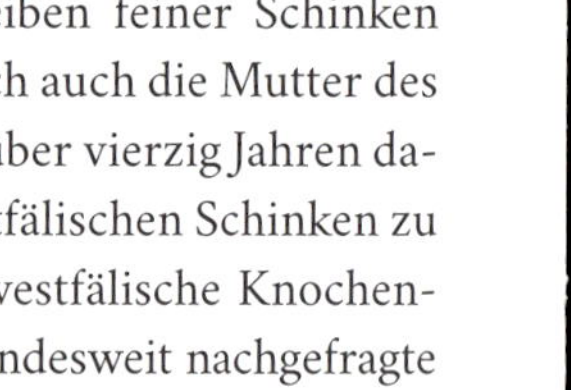

ben, sie wird aber auch weltweit verschickt. Doch ein Besuch lohnt allemal: Der uralte Gräftenhof ist ein Augenschmaus. Und die Verbindung Bauernhof und Wassergraben – auf westfälisch „Gräfte“ – ist genauso typisch für das Münsterland wie der Schinken. Ein Vorfahr von Ulrich Erpenbeck erbaute das Haupthaus des Gutes im Jahr 1681; insgesamt ist das romantische Fachwerkensemble schon ganze acht Jahrhunderte Sitz der Familie. Eine so lange Tradition verpflichtet natürlich: Die Gräfte ist zwar schön, aber sie macht viel Arbeit. Regelmäßig muss sie von Wasserpflanzen befreit und ausgebaggert werden. Betriebswirtschaftlich, erläutert Ulrich Erpenbeck, rechnet sich die Arbeit nicht. Aber sie gehört eben zur Pflege des Hofes dazu. Auf Gut Erpenbeck begegnet einem Tradition auf Schritt und Tritt. Auch in den großen, alten Räumen des historischen Wohnhauses: Herzstück ist die eindrucksvolle „Große Halle“ mit Kamin. Gutsherrin Freya Erpenbeck schmunzelt, wenn sie sich an die Zeit kurz nach der Hochzeit erinnert. Denn in ihrer damaligen Stadtwohnung fühlte sich ihr Mann beengt: „Er riss die Fenster auf und rief: ‚Geht's hier nirgendwo weiter?‘ Aber wenn man in so einem Anwesen groß geworden ist, dann sind 34 Quadratmeter nicht viel. Das entspricht manchmal einem Zimmer hier.“

Kaltes Räuchern und lange Reifezeit: Nur so wird echter westfälischen Schinken daraus.

Spezialität

Westfälischer Schinken

Wenn er nach traditioneller Art gemacht ist, dann ist er richtiges „Slow Food“ – der westfälische Schinken muss nämlich langsam reifen. Gaaanz langsam wohlgemerkt: Bis zu zwölf Monate wird kalt geräuchert und dann luftgetrocknet. So schmeckt der Schinken aus dem Westfalenland von alters her apart und würzig. Außerdem ist seine Herstellung großenteils Handarbeit: Zum Pökeln wird er mit einer Mischung aus Salz, Salpeter und Zucker eingerieben. Wichtig: Der Knochen bleibt drin. Nur so kann sich der typische „himmlische“ Geschmack entfalten. Und „westfälischer Himmel“, so nannte man früher den Teil des Kamins auf dem Bauernhof, in den die Schinken für die finale Reifungsphase gehängt wurden. Traditionell wurden die Schweine im Herbst geschlachtet. Fertig war der Schinken erst, „wenn der Kuckuck rief“ – also frühestens Ende April. Gut Ding will eben Weile haben. Und wie gesagt: Nachhelfen gilt nicht, sonst ist es kein original westfälischer Schinken, sondern industrielle Billigware. Hauchdünn geschnitten und auf Pumpernickel schmeckt er am besten – bloß keine dicken Scheiben. Zur Not lieber mehrere dünne Scheiben übereinanderlegen. Ein leckeres Glas Pils dazu, und schon hat man den westfälischen Himmel auf Erden.

Grüner Rücken Ostwestfalens

Teutoburger Wald

Grün, grüner – Teutoburger Wald. Das „grüne Herz" von Ostwestfalen-Lippe ist eigentlich sein langgezogener grüner Rücken – und der reicht von Minden im Norden bis zum Sauerland im Süden. Sein Wahrzeichen ist der Hermann. Welcher „Herrmann"? Na, der Herrmann: Das Denkmal auf dem Teutberg bei Detmold erinnert an den Cheruskerfürsten Arminius, der in der Varusschlacht im Jahr 9 nach Chr. die römischen Legionen besiegte. Danach ließen die Römer die Germanen in Ruhe, im 19. Jahrhundert avancierte Arminius dann zum Nationalhelden. Geschlagen wurde die Schlacht angeblich im Teutoburger Wald – zumindest glaubte man das früher. Mittlerweile wurde das Schlachtfeld zwar woanders verortet, aber die höchste Statue Deutschlands – eben unser Hermann – steht schon seit 1875 auf dem Teutberg. Also auch schon seit fast 140 Jahren. Ohne Sockel und bis zur Schwertspitze misst der streitbare Germane fast 27 Meter, mit Sockel sogar fast 54 Meter. Da muss man mal gewesen sein und zum Umgang des Sockels hinaufsteigen: Der Rundumblick über die grünen Wipfel des Teutoburger Walds ist fantastisch. Von da oben können Sie dann schon mal planen, wo Sie langlaufen wollen, denn der Teutoburger Wald ist ein Wanderparadies. Natürlich gibt es mit dem Hermannsweg auch einen wichtigen Wanderweg, der nach unserem Helden benannt ist.

Der grüne Teutoburger Wald – eine fantastische Wanderlandschaft

Auch der Hermannsweg führt – natürlich – am Denkmal bei Detmold vorbei.

Vor etwa 70 Millionen Jahren
von den Alpen aufgerichtet:
die Externsteine

Zur Walpurgisnacht ist es an den Externsteinen mit der Idylle vorbei.

Kein Teufelswerk

Externsteine

Esoterisch Angehauchte sind überzeugt: Diese dreizehn aufrecht stehenden Felsen sind ein magischer, spirituell aufgeladener Ort. Darum ist an den Externsteinen, nahe Horn-Bad Meinberg im Teutoburger Wald, jedes Jahr zur Walpurgisnacht was los: Ein kleines keltisch-germanisches „Woodstock" wird hier zelebriert – Lagerfeuer, Trommeln, Jonglieren und geheimnisvolle Riten inklusive. Einige Eso-Fans reisen sogar in wallenden Gewändern an. Wobei die Behörden Feuermachen und Zelten mittlerweile nicht mehr dulden – den hexenhaften Tanz in den Mai aber kaum verbieten können. Wer sich die über 70 Millionen Jahre alte Felsformation in Ruhe anschauen will, sollte also nicht am 30. April kommen. Einen Besuch wert sind die Externsteine allemal. Schließlich ragt die höchste Klippe 38 Meter über Geländeniveau in den ostwestfälischen Himmel. Die Frage ist nur: Wie kommen die eigentlich dahin? War doch schwarze Magie im Spiel? Die Antwort lautet: Nein, alles bloß Tektonik: Ein Stück früherer Meeresboden wurde hier vor Jahrmillionen durch den Druck der Alpen emporgehoben. Und jetzt steht er senkrecht. Beeindruckend. Auf jeden Fall: Fahren Sie hin. Nicht in die Alpen – nach Ostwestfalen.

Platz 8 der beliebtesten Ausflugsziele: die Düsseldorfer Altstadt. Unweit davon die „tanzenden Häuser“ von Frank O. Gehry

KUNSTSTÜCK NRW

Dieses Verkehrsmittel gibt es nur in Nordrhein-Westfalen: die Schwebebahn.

KUNSTSTÜCK NRW

Der Gasometer in Oberhausen – ein Leuchtturm der Industriekultur in Nordrhein-Westfalen

KUNSTSTÜCK NRW

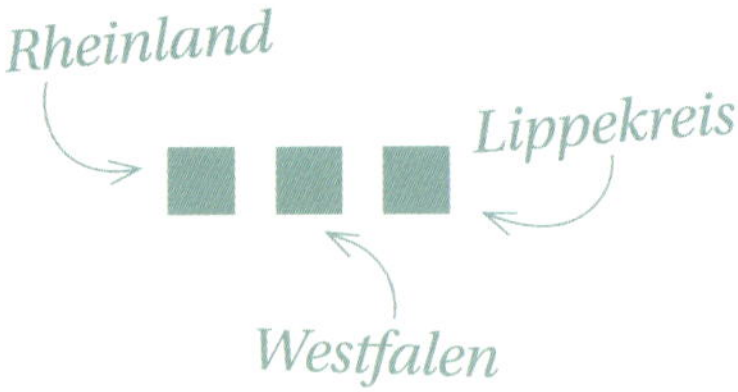

KUNSTSTÜCK NRW

Das Beste: Industrie-kultur und Kunst

Nordrhein-Westfalen hat in Sachen Kunst und Kultur viel zu bieten: weltberühmte Kunstwerke, mächtige Bauwerke und gleich vier UNESCO-Weltkulturerbestätten. Unter ihnen ragt die Zeche Zollverein heraus, weil sie die industrielle Vergangenheit mit der Gegenwartskultur verbindet. Auf solche Orte sind die Menschen an Rhein und Ruhr stolz – zu Recht. Aber die Verbundenheit der Menschen mit ihrem Bundesland drückt sich auch anders aus: in der Liebe zum Fußball, zur „Pommes rot-weiß“ und in der schnoddrigen Sprache der „Ruhris“.

Die größten Bauwerke

Union-Brauerei, Dortmund

Nicht nur Stahl und Kohle kamen einst von hier, sondern auch ziemlich viel Bier: Schließlich war Dortmund mal der größte Brauerei-Standort Europas. Bis heute löschen Dortmunds Brauereien nicht nur den Durst von Ruhris, sondern von Biertrinkern weit über das Revier hinaus. Und das neue alte Wahrzeichen der Stadt, das „Dortmunder U“, erinnert besonders eindrucksvoll an die Vergangenheit als Bier-Hauptstadt.

Heute ist das ehemalige Gär- und Lagerhochhaus der Dortmunder Union-Brauerei ein Highlight der Industriekultur. 1927 war es mit 70 Metern das erste Hochhaus der Stadt. Bis

Ein echter Hingucker und Platz 7 der größten Bauwerke: das „Dortmunder U“, wo früher Bier gelagert wurde

Top 20
Die größten Bauwerke

1. Kölner Dom
2. Hermannsdenkmal, bei Detmold
3. Zeche Zollverein, Essen
4. Aachener Dom
5. Schloss Drachenburg, Drachenfels
6. Römermuseum/ Archäologischer Park Xanten
7. Union-Brauerei, Dortmund
8. Villa Hügel, Essen/Baldeneysee
9. Müngstener Brücke, zwischen Remscheid und Solingen
10. Gasometer Oberhausen
11. Schloss Augustusburg, Brühl
12. Schiffshebewerk Henrichenburg
13. Schloss Nordkirchen (Kreis Coesfeld)
14. Zeche Zollern, Dortmund
15. Arena AufSchalke, Gelsenkirchen
16. Landschaftspark Duisburg-Nord
17. Burg Altena
18. Folkwang-Museum, Essen
19. Altenberger Dom
20. Jahrhunderthalle Bochum

In den Himmel über der Wupper genietet – mit 930000 Nieten: die Müngstener Brücke zwischen Solingen und Remscheid. Platz 9

1994 wurde hier, nur einen Steinwurf vom Hauptbahnhof entfernt, tatsächlich noch Bier gebraut. Dann zog die Union-Brauerei an den Stadtrand, die Anlagen wurden abgerissen, der denkmalgeschützte Backsteinriese stand leer. Im Rahmen der Kulturhauptstadt Europas 2010 erweckte man ihn zu neuem Leben: Anstelle von Hopfen, Wasser, Malz und Hefe sind Technologie und Kultur ins „Dortmunder U" eingezogen. Das Kultur-, Forschungs- und Kreativzentrum beherbergt Ausstellungsräume sowie Institute der Fachhochschule und der Technischen Universität. Der Namensgeber, das 11 Meter hohe „U" auf dem Dach, wurde als äußeres Zeichen des Neubeginns frisch vergoldet.

Nur ein paar Meter unterhalb des Buchstabens fasziniert die Videoinstallation „Fliegende Bilder“ des Medienkünstlers und Regisseurs Adolf Winkelmann. Immer wieder wechselnde Szenen und kurze Filmschnipsel flimmern über die riesigen, weithin sichtbaren LED-Schirme. Doch das Kunstwerk ist zugleich auch eine Uhr – mit sozusagen „fliegenden Zeigern“: Immer zur vollen Stunde zeigt sie Brieftauben, traditionell die „Rennpferde des Bergmanns“. So verankert die Kunst das Leuchtturm-Projekt „Dortmunder U“ ganz bodenständig in der Ruhr-Kultur.

Müngstener Brücke

Der „quergelegte Eiffelturm“ überspannt das Tal der Wupper zwischen Remscheid und Solingen – die Müngstener Brücke ist genauso beeindruckend wie das berühmte Wahrzeichen von Paris. Und auch nur acht Jahre jünger. Seit die stählerne Bogenbrücke 1897 eröffnet wurde, ist sie mit 107 Metern immerhin die höchste Eisenbahnbrücke Deutschlands. Unglaubliche 5000 Tonnen Stahlprofile wurden verbaut, die von über 930000 Nieten zusammengehalten werden. Der letzte, der eingeschlagen wurde, soll aus purem Gold bestehen, aber gefunden wurde der „goldene Niet“ nie, trotz jahrzehntelanger Suche. Vermutlich ist er nur eine Legende, genauso wie die immer wieder verbreitete Geschichte, der Architekt der Eisenbahnbrücke, Anton von Rieppel, habe sich wegen eines angeblichen Fehlers in der Konstruktion vom Stahlkoloss gestürzt. Das ist nachweislich unwahr, denn der Ingenieur lebte

Idylle pur unterhalb der Müngstener Brücke im Tal der Wupper: So schön lebt es sich im Bergischen Land bei Solingen.

Blick vom Gasometer Richtung Halde Haniel in Bottrop

Platz 10: Groß, größer, riesig – Gasometer! Der frühere Gasspeicher ist eine Ausstellungshalle mit Strahlkraft weit über unser Bundesland hinaus.

bis 1926. Und seine Brücke stand und steht wie eine Eins – bis heute. Allerdings war und ist die Brücke ein Magnet für Lebensmüde – leider. Wer das technische Wunderwerk bestaunen und einen Ausflug ins Grüne machen will, besucht den Brückenpark, unterhalb des Viadukts im tiefen Tal der Wupper. Demnächst könnten Besucher von dort übrigens auf einen nordrhein-westfälischen Beitrag zum Weltkulturerbe blicken: eine entsprechende Bewerbung bei der UNESCO ist in Vorbereitung.

Gasometer Oberhausen

Er ist nicht nur so großartig, weil er so groß ist. Aber er ist eben riesig! Und längst ist der Gasometer nicht nur das Wahrzeichen für Oberhausens „Neue Mitte", sondern für das gesamte Ruhrgebiet. Zwischen 1929 und 1988 war der korrekt „Scheibengasbehälter" genannte Industriebau ein Zwischenlager für Gicht- und Kokereigas. Seit Mitte der 90er-Jahre liegt hier Kunst in der Luft. Denn der Gasometer, immerhin 117 Meter hoch, wurde zur höchsten Ausstellungshalle Europas. Vier Millionen Besucher haben die wechselnden Aus-

Hart, aber herzlich – die Sprache der Ruhris

Ruhrdeutsch

Man kennt sie und liebt sie – die Ruhrpott-Urgesteine Doktor Stratmann, Herbert Knebel und Tana Schanzara. Ihr gemeinsames Markenzeichen: Sie alle sprechen die knarzige Sprache der Kumpel und Arbeiter: Ruhrdeutsch. Immerhin ist der Ruhri-Zungenschlag der beliebteste Dialekt in Nordrhein-Westfalen – und weit darüber hinaus. Denn der Bewohner des Ruhrreviers gilt als bodenständig und geradeheraus, als hart, aber herzlich. Und das spiegelt sich in einer Sprache der klaren Ansagen wider: „Kommse ma wacker bei mich, dann gibbich dich dat." Nur in Ausnahmefällen wird der Ruhri mal „krawuttig" und verliert vor Wut die Beherrschung. Die Ruhe bewahren aber sollten hochdeutsche Grammatik-Fetischisten: Im Pott-Slang gerät die Verwendung von „auf", „zu", „von" und „nach" schon einmal etwas durcheinander. Bekanntestes Beispiel: Natürlich geht man keinesfalls „zu Schalke", sondern „auf Schalke". Andererseits geht's zum Einkaufen „nach Karstadt". Korrekt spricht man übrigens nicht vom Dialekt, sondern vom Regiolekt, weil das Ruhrdeutsche in der ganzen Region gesprochen wird. Aber die früher hier gesprochenen westfälischen Dialekte haben deutliche Spuren in der Sprache des Ruhrgebiets hinterlassen. Andere Einflüsse kamen auch aus der rheinischen Nachbarschaft und noch von weiter weg: So zum Beispiel auch aus dem Polnischen, der Muttersprache schlesischer Bergleute. So ist der Hammer der Bergleute der berühmte „Mottek" (polnisch: „młotek"). Ganz typisch deutsch, Verzeihung: niederdeutsch aber ist die Verwechslung von Dativ und Akkusativ: „Gib mich den Tee" oder, um Fußballer Lothar Emmerichs Wunsch nach dem Spielgerät zu zitieren: „Gib mich die Kiasche." Im Osten des Ruhrgebiets kommt man weitgehend ohne „r" aus. Meist ersetzt es ein „a" – Herr Emmerich verlangt also nach der „Kirsche", deutschlandweit gewöhnlich für „(Fuß-)Ball". Entsprechend „r-los" heißt aus einheimischem Mund die schöne Ruhrgebietsstadt „Gelsenkiachen". „Isset nich fuachbaa?" Nicht, wenn man von hier ist – oder die Ruhris wegen ihrer schnörkellosen Aus- und Ansprache liebt. Denn das Ruhrdeutsche ist ein uriges Markenzeichen des Reviers – wie der Fußball, die Zeche Zollverein und die Currywuast.

*Das gibt es nur im Ruhrgebiet:
die Industrieruine als Landschaftspark.*

Landschaftspark Duisburg-Nord: Industriekultur, Natur und Lichtkunst verbinden sich auf einer 180 Hektar großen Fläche. Mehr Park braucht wirklich kein Mensch!

stellungen schon besucht. 2012 schnürte übrigens Verpackungskünstler Christo im vierundzwanzigseitigen Innenraum ein riesiges „Luft-Paket“ zusammen: mit seiner Installation „Big Air Package“, die an die Verletzlichkeit unserer Atmosphäre erinnern soll. Das ist wahrhaft große Kunst – mit einem Volumen von immerhin 177000 Kubikmetern. Christo ist ein „Wiederholungstäter“, denn schon 1999 hatte ihn der riesige, hallende Industriebau in Oberhausen inspiriert. Zusammen mit Ehefrau Jeanne Claude baute er eine bunte Skulptur aus 13000 bunten Ölfässern auf. Wer es nicht so hat mit der Kunst, hat hier übrigens auch was zu gucken: Die Fahrt im gläsernen Aufzug im Innern des Gasometers nach oben ist schon ein Erlebnis. Dann noch ein paar Stufen weiter hoch – und dann bietet sich vom Dach ein spektakuläres Ruhrgebiets-Panorama. Wie sang doch das Damen-Comedy-Duo „Missfits“ in seiner Hymne an seine Heimatstadt so unnachahmlich? „Stehse auffem Gasometer in Sturmesbrausen/Und alles, watte siehs, is – Oberhausen …!“

Platz 16: nachts ein Kunstwerk, am Tag ein Landschaftspark mit Industriecharme – und jeder Menge Freizeitangeboten

Landschaftspark Duisburg-Nord

Früher glühte hier ein Hochofen, jetzt erstrahlen die ehemaligen Industrieanlagen als Lichtskulptur in grün-blauem Licht –

Der Weg ist das Ziel. Oder doch das Gipfelkreuz? Bergsteigen mitten im Ruhrgebiet – der Klettergarten des Alpenvereins im Landschaftspark macht's möglich.

zumindest nachts und an den Wochenenden. Aber auch tagsüber kann man in der grünen Oase sein blaues Wunder erleben. Schließlich ist die 200 Hektar große Industriebrache ein wirklich einzigartiges Naherholungsgebiet – und natürlich ein Monument der Industriekultur in Nordrhein-Westfalen. Auch in Duisburg führte die Strukturkrise in den 80er-Jahren zur endgültigen Stilllegung der Stahlküche. Seitdem werden die gigantischen Gebäude und rostenden Anlagen der ehemaligen Thyssen-Hütte von der Natur überwachsen. Die urbane Wildnis zwischen rostenden Stahlkolossen, Backstein und Schloten wurde in den 90ern zu einem spektakulären und frei zugänglichen Park umgestaltet, der reichliche Angebote für Erholungssuchende jeden Alters bereithält: Beispielsweise bietet der Hochofen 5 von seiner Aussichtsplattform in über 70 Metern Höhe einen Rundumblick über den Park, die Stadt Duisburg und das westliche Ruhrgebiet. Sie wollen immer noch hoch hinaus? Dann sind Sie im Möllerbunker richtig, wo der Deutsche Alpenverein einen Klettergarten angelegt hat. Und eine Riesenröhrenrutsche gibt es auch. Wer aber in seiner Freizeit aktiv „runterkommen" will, kann hier abtauchen: in eine einzigartige Unterwasserlandschaft. Schließlich ist im ehemaligen Gasometer Europas größtes Indoor-Tauchrevier entstanden. Klettergerüste im ehemaligen Maschinenhaus, eine Skateboard-Halle und Hochseil-Kletterevents im früheren Hüttenwerk runden das Angebot ab. Wer wirklich nur abschalten und Ruhe finden will, kann allerorten der Natur dabei zusehen, wie sie allmählich rostendes Metall und porösen Beton erobert.

Malocher-Typ und Schwiegermuttermörder: Adolf Tegtmeier

Jürgen von Manger

„Also äääährlich ...!“ Sollten Sie Ruhri-Ikone Adolf Tegtmeier nicht kennen, brauchen Sie vielleicht „bisken“ Nachhilfe in Ruhrgebiets-Kultur. Denn der stets im breitesten Ruhrdeutsch schwadronierende Malocher-Typ mit dem schiefen Gesicht, dem Schnauzer und der schwarzen Kappe ist Kult. Schauspieler Jürgen von Manger, obwohl in Koblenz geboren, machte mit seiner Figur Tegtmeier die Mentalität und den Zungenschlag der Ruhrgebiet-Bewohner populär. Insbesondere durch die Fernsehsendung „Tegtmeiers Reisen“, in der Frühpensionär Adolf Tegtmeier in den 70er-Jahren die schönsten Reiseziele vorstellte, stets aus der Perspektive eines scheinbar unbedarften Arbeiters aus dem Revier. Angefangen aber hatte alles mit dem „Schwiegermuttermörder“: Im gleichnamigen Bühnenstück erklärt Tegtmeier einem Richter, wie er die Mutter seiner Angetrauten im Affekt erschlug. Und dann? „Dann hab ich sie im Keller getragen ... und hab ich sie gesägt.“ Das rabenschwarze Stück war am Silvesterabend 1961 Jürgen von Mangers TV-Durchbruch. Neben der Fernsehkarriere feierte die Ruhrpott-Ikone Erfolge als Sänger. „Dat bisken Frühschicht“ und „Bottroper Bier“ sind die Titel der beiden Singles, auf denen Tegtmeier im knarzenden Sprechgesang bekannte Schlager – im Original von Johanna von Koczian und Udo Jürgens – interpretiert. Auch wenn der Kabarettist 1994 verstarb: Die Ruhrpott-Comedy-Szene hat mit Herbert Knebel längst einen würdigen Erben Tegtmeiers hervorgebracht.

„Konferenzen sind wie Bagger: zuerst leistet man tiefschürfende Arbeit und nachher wird gekippt.“

Alfred Tegtmeier

„Die Kunst, einen Umsturz zu machen, indem man eine ruhige Kugel schiebt.“

Alfred Tegtmeier über Kegeln.

Top 15

Die beliebtesten Ausflugsziele

1. Kölner Dom
2. Zoos in NRW
3. Zeche Zollverein, Essen
4. Schwebebahn, Wuppertal
5. Rothaarsteig
6. Haus der Geschichte, Bonn
7. Drachenfels, Königswinter
8. Düsseldorfer Altstadt/ Uferpromenade
9. Karl-May-Festspiele, Elspe, Sauerland
10. „100-Schlösser-Route", Münsterland
11. Archäologischer Park Xanten, Niederrhein
12. Hermannsdenkmal, bei Detmold, Teutoburger Wald
13. Dülmener Wildpferde
14. Museum Folkwang, Essen
15. Möhnesee, Ruhrgebiet (Kreis Soest)

Die beliebtesten Ausflugsziele

Zeche Zollverein, Essen

Seit 2001 ist es amtlich: Sie ist die schönste Zeche der Welt. Denn seitdem gehört die Essener Zeche Zollverein zum UNESCO-Weltkulturerbe. Nicht nur als vollendete Verbindung von Funktionalität und gediegener Architektur, sondern auch als Kunst- und Kulturstandort ersten Ranges wurde sie zum ganzen Stolz des Ruhrgebiets. Erbaut wurde die Zeche Zollverein in den 20er-Jahren, als in Essen noch Kohle, Koks und Kumpel das Maß aller Dinge waren. Die Gebäude kommen in schlichter, aber schöner Bauhaus-Optik daher: Backstein, Stahl, Beton und Drahtglas. Aus diesen vier einfachen Materialien schufen die Architekten Schupp und Kremmer ein Juwel der Architektur des 20. Jahrhunderts. Heute würden die

3 Platz 3 der beliebtesten Ausflugsziele: das Doppelbockgerüst der Zeche Zollverein: Die schönste Zeche der Welt ist längst ein unverkennbares Symbol des Ruhrgebiets.

visionären Gestalter vermutlich dafür Preise einheimsen. Heute sind preisgekrönte Designobjekte auf Zollverein zu sehen: Einen Teil der ehemaligen Kohlenwäsche gestaltete Stararchitekt Norman Foster zum „red dot designmuseum" um. Die 1500 ausgestellten Objekte kommen in den funktionalen Industriehallen perfekt zur Geltung. Mit Kultur, Kunst und Geschichte des Ruhrgebiets befasst sich das Ruhrlandmuseum; es ist ebenfalls in der früheren Kohlenwäsche untergebracht. Zu erreichen ist es über eine spektakuläre 58 Meter lange Rolltreppe in leuchtendem Orange – und zwar genau an der Stelle, an der früher das Förderband für Steinkohle verlief. Davon wurden hier bis zu 12000 t pro Tag gefördert; Zollverein war eines der leistungsfähigsten Steinkohlebergwerke der Welt. Was aber letztendlich die Schließung nicht abwenden konnte – Stichwort: Kohlekrise. Immerhin wurde aber, engagierten Bürgern und dem Denkmalschutz sei Dank, der geplante Abriss verhindert. So wurde nach dem Umbau zum Kulturstandort der markante Förderturm mit dem Doppelbockgerüst zum Symbol für den Wandel an Ruhr, Emscher und Rhein-Herne-Kanal: Statt mit Ruß, Kohle und Stahl punktet das Ruhrgebiet nun mit Kunst, Design und Kultur.

Die orangefarbene Rolltreppe auf der Zeche Zollverein führt aufwärts zum vom Stararchitekten Rem Kolhaas gestalteten Ruhrmuseum. Einst fuhr hier geförderte Kohle auf Förderbändern aufwärts.

„Ruhr.2010": Das gesamte Ruhrgebiet war 2010 europäische Kulturhauptstadt – mit Veranstaltungen in 50 Städten. Auf Zollverein fand im Januar 2010 die Eröffnungsveranstaltung statt.

Reine Geschmackssache

Alt, Pils, Kölsch und Co.

Nur völlig Ahnungslose vermuten bei Erwähnung von „Altbier" altes Bier. Kenner des schönsten Bierlandes der Welt wissen: Das traditionelle Erfrischungsgetränk des Niederrheins ist eine leckere Bierspezialität aus Nordrhein-Westfalen. Das herzhaft-bittere Alt mit dem sahnigen Schaum kommt mit etwas weniger Kohlensäure als das Pilsener daher und wird außer am Niederrhein auch noch in Teilen Westfalens getrunken. Aber woher kommt der kuriose Name? Im heutigen Nordrhein-Westfalen waren früher nur obergärige Biere verbreitet. Als im 19. Jahrhundert auch am Rhein das helle, süffige und obergärige bayerische Bier auftauchte, verwendete man in der Düsseldorfer Brauerei Schumacher zur Unterscheidung erstmals 1833 den Begriff „Altbier" für das dunklere, traditionelle Bier. Bis heute ist Düsseldorf natürlich die Altbier-Hauptstadt. Die Tempel des urigen Getränks sind in der Altstadt zu finden – neben der Brauerei Schumacher sind das die legendären Hausbrauereien „Uerige", „Schlüssel" und „Im Füchschen". Bei der Konkurrenz in Köln pflegt man eine eigene obergärige Variante, das Kölsch. Eine „Stange" Kölsch in einem der zahlreichen Brauhäuser der Kölner Innenstadt zu trinken ist beim Köln-Besuch einfach Pflicht. Aber auch, wenn man es in der Domstadt nicht gern hört: Alt und Kölsch sind nahe Verwandte. Denn beide Biere entstehen in der gleichen Brauart; auch Stammwürze und Alkoholgehalt sind ähnlich. Im Geschmack allerdings ist Kölsch etwas herber. Und obwohl es schon seit Jahrhunderten existiert, wurde Kölsch erst im 20. Jahrhundert zum einzig wahren Getränk heimatverbundener Kölner. Außerdem wird es als eines von zahlreichen Alleinstellungsmerkmalen Kölns gehegt und gepflegt. Seit 1985 existiert sogar eine „Kölsch-Konvention", die neben Brauweise und Inhaltsstoffen festlegt, dass nur in Köln und Umgebung gebraute Biere „Kölsch" heißen dürfen. Übrigens, ein kleiner Tipp für den Besuch in einem Kölsch-Ausschank: Irgendwann auch mal den Deckel auf das schlanke Kölschglas stellen, sonst bringt der „Köbes" (Bierkellner) immer weiter Nachschub ... Und auch wenn das „Pilsken" heute fest zum Ruhrgebiet und zu Westfalen gehört, ursprünglich ist es nicht von hier. Der Name „Pilsener" kommt ja nicht von ungefähr: Aus der böhmischen Stadt Pilsen trat der feinherbe untergärige Stoff im 19. Jahrhundert seinen Siegeszug durch Deutschland und die Welt an. Denn die beliebten untergärigen Biere müssen während der Gärung kühl gelagert werden. Und dies geschah traditionell in Felsenkellern, also in eher bergigen Regionen. Als sich industrielle Kühlanlagen durchsetzten, wurde das beliebte Bier bald überall hergestellt. Nicht zuletzt im schwer arbeitenden Ruhrpott löschte es den Durst der Kumpel und Stahlwerker; Dortmund wurde zur deutschen Bierhauptstadt schlechthin. Allerdings hat die Stadt im östlichen Ruhrgebiet mit dem hellen, malzigen „Dortmunder Export" noch einmal eine eigene Bierspezialität hervorgebracht. Aber egal ob Alt, Kölsch, Pils oder Export – gut gekühlt und in gemütlicher Runde schmecken sie alle!

Platz 4: die Wuppertaler Schwebebahn, von 1901 bis heute Verkehrsmittel Nummer eins im Tal der Wupper zwischen Barmen und Vohwinkel

Der historische „Kaiserwagen“ der Wuppertaler Schwebebahn kommt nur noch für Sonderfahrten zum Einsatz.

Wuppertaler Schwebebahn

Sie ist das kurioseste Verkehrsmittel Nordrhein-Westfalens – und ein beeindruckender Triumph der Ingenieurskunst: die Wuppertaler Schwebebahn. Ein effizientes, aber ungewöhnliches Nahverkehrsmittel: Wegen Platzproblem im engen Tal der Wupper ging man bei der Planung der Bahn seinerzeit in die Luft; die 13 Kilometer Strecke verlaufen in zwölf Metern Höhe über dem gewundenen Flussbett oder acht Meter über der Straße. Die fast 25 Millionen Fahrgäste, die die Wuppertaler Schwebebahn jedes Jahr befördert, können das ganz entspannt tun, weil sie wissen: Sie sitzen im sichersten Verkehrsmittel der Welt. Denn erst 1970, nach immerhin 69 Betriebsjahren, entgleiste die erste Schwebebahn, und erst 1999 passierte das einzige schwere Schwebebahn-Unglück, bei dem Fahrgäste starben.

Wer zur Sicherheit auch noch Luxus will – bitte sehr: Auch das Schweben auf den Spuren eines gekrönten Hauptes ist in der bergischen Metropole möglich. Für Ausflugs- und Sonderfahrten kommt der „Kaiserwagen“ aus dem Jahr 1900 zum Einsatz. Denn damals testete seine Majestät, der technikbegeisterte Kaiser Wilhelm II., höchstselbst das neue Verkehrsmittel. Einige Monate vor der offiziellen Eröffnung fuhr er, nebst Gattin, die bis dahin fertige Strecke ab und befand, das neue Verkehrsmittel sei „zweckmäßig und angenehm“. Im historischen Wagen kann man es dem Hohenzollernherrscher gleichtun – und bei Kaffee und Kuchen auf das „einfache Volk“ am Boden herabschauen.

Düsseldorfer Altstadt/Rheinpromenade

Sie lässt uns Nordrhein-Westfalen doch immer wieder staunen: unsere Landeshauptstadt Düsseldorf. Nein, nicht nur wegen der Kapriolen in der Landespolitik, sondern auch, wenn man mal hinfährt. Was für schön angezogene Menschen! Was für ausgefallene Kleider! Vor allem kann man die auf der schicken „Kö“, der bekannten Königsallee in der Innenstadt, bewundern – und genauso erstaunlich sind die Preise in den Schaufenstern. Aber in Düsseldorf gibt es auch anderes zu sehen: zum Beispiel den Rhein. Gute Aussichten dafür bietet eine schicke Flaniermeile, die noch gar nicht so alt ist: Die Düsseldorfer Rheinpromenade entstand in den 90er-Jahren nach Tieferlegung der Bundesstraße 1. Jetzt sind hier entspanntes Spazierenge-

Sozusagen Düsseldorfs zweite Altstadt: das mittelalterliche Zentrum von Kaiserswerth am Rhein. Jahrhundertelang war die Stadt unabhängig und direkt dem Kaiser unterstellt.

8 Platz 8: Nach Altstadt sieht das nicht aus, befindet sich aber gar nicht weit davon: die „tanzenden Häuser" von Frank O. Gehry im Medienhafen.

hen, Rheinblick und Leutegucken angesagt. Viele Düsseldorfer lassen sich hier bei gutem Wetter blicken, denn hier lässt es sich ausgezeichnet schlendern, im Café sitzen und die Sonne genießen. Aber das ist noch nicht alles: Düsseldorf kann auch Architektur. Und wie! Nämlich im Medienhafen, gar nicht weit von Promenade und Landtag entfernt. Hier stehen Düsseldorfs neue Wahrzeichen, die „tanzenden Häuser". Das ehemalige Industrieareal am Rhein wurde zu einer Art Spielwiese für ungewöhnliche Ideen namhafter Architekten. Kein Geringerer als Stararchitekt Frank O. Gehry war für die neuen Hingucker am Rheinufer verantwortlich. So ist sie eben, unsere Landeshauptstadt: schick, modern und ein Zentrum für Lifestyle, Kunst und Kultur. Und so ist es dann wieder nicht erstaunlich, dass sie auch Menschen von ganz weit weg anzieht. Düsseldorf ist Heimat einer mittlerweile sehr großen japanischen Gemeinde, und das schon seit den 60er-Jahren. Derzeit leben über 8000 Japaner hier. Und die schätzen es besonders, dass die Stadt an Rhein und Düssel auch noch ganz anders sein kann – nämlich Metropole mit Vergangenheit und echt rheinischer Lebensart. Stichwort: „längste Theke der Welt". Schließlich ist die Düsseldorfer Altstadt die legendäre Verbindung von „Alt-Bier" und „Alt-Stadt".

Comedy-Chamäleon

Hape Kerkeling

Der Comedian aus Nordrhein-Westfalen ist einer der ganz Großen – und ein medialer Tausendsassa: Er ist nicht nur Komiker, sondern auch Moderator, Schauspieler, Autor und Sänger … und ein wahres Chamäleon: Hape Kerkeling, ein Gewächs aus dem schönen Ruhrgebiet, begann seine Karriere als „Hannilein", fuhr später als Königin Beatrix beim Bundeskanzler vor und begeistert heute als rheinischer Charmeur Horst Schlämmer (wahlweise als Ostberliner Kleingärtner Rico Mielke). Vielleicht liegt es an Kerkelings niederländischen Wurzeln, dass die Figuren aus des Deutschen liebsten Nachbarland so gut ankommen, ob nun als Paarberaterin Evje van Dampen oder als leut- und redselige Königin Beatrix, die sich so auf „lekker" Kaffeetrinken im Schloss Bellevue freute – Letzteres auf jeden Fall eine Sternstunde der deutschen Fernsehunterhaltung. Was macht einer, dem der Weg zu den höchsten Würdenträgern des Staates verwehrt wird? Die Antwort lautete 2009: „Isch kandidiere" – als rheinischer Reporter Horst Schlämmer; mit Überbiss, Rückenproblem und Alkoholfahne wollte Hape in den Bundestag einziehen. Das gelang zwar auch im gleichnamigen Film nicht, trotz Gründung einer eigenen Partei und Unterstützung durch Rapper Bushido. Aber dafür stieg Schlämmers Schöpfer, der umtriebige Herr Kerkeling, seit seinen Anfängen in den 80er-Jahren in die allerhöchsten Höhen deutscher Fernseh- und Medienprominenz auf und räumte alle einschlägigen Auszeichnungen und Preise ab. Selbst als er zwischendurch „dann mal weg" war, wurde Hape Kerkelings kreative Auszeit ein Riesenerfolg: Durch seinen Jakobsweg-Bestseller wurde ganz nebenbei das Pilgern wieder zum Massenphänomen.

Hape Kerkeling in einer seiner Paraderollen: Als Horst Schlämmer machte er nicht nur das rheinische Grevenbroich unsicher.

Isch kandidiere!

Isch hab Rücken!

Schätzelein, machst Du mir noch zwei Teilchen mit Sahne? Ich kriege heute nämlich noch Besuch zum Kaffee, so gegen fünf, oder wann hast Du frei?

Top 20

Die größten Bauwerke

1. Kölner Dom
2. Hermannsdenkmal, bei Detmold
3. Zeche Zollverein, Essen
4. Aachener Dom
5. Schloss Drachenburg, Drachenfels
6. Römermuseum/ Archäologischer Park Xanten
7. Union-Brauerei, Dortmund
8. Villa Hügel, Essen/Baldeneysee
9. Müngstener Brücke, zwischen Remscheid und Solingen
10. Gasometer Oberhausen
11. Schloss Augustusburg, Brühl
12. Schiffshebewerk Henrichenburg
13. Schloss Nordkirchen (Kreis Coesfeld)
14. Zeche Zollern, Dortmund
15. Arena AufSchalke, Gelsenkirchen
16. Landschaftspark Duisburg-Nord
17. Burg Altena
18. Folkwang-Museum, Essen
19. Altenberger Dom
20. Jahrhunderthalle Bochum

Top 15

Die beliebtesten Ausflugsziele

1. Kölner Dom
2. Zoos in NRW
3. Zeche Zollverein, Essen
4. Schwebebahn, Wuppertal
5. Rothaarsteig
6. Haus der Geschichte, Bonn
7. Drachenfels, Königswinter
8. Düsseldorfer Altstadt/ Uferpromenade
9. Karl-May-Festspiele, Elspe, Sauerland
10. „100-Schlösser-Route", Münsterland
11. Archäologischer Park Xanten, Niederrhein
12. Hermannsdenkmal, bei Detmold, Teutoburger Wald
13. Dülmener Wildpferde
14. Museum Folkwang, Essen
15. Möhnesee, Ruhrgebiet (Kreis Soest)

Burgen, Bauten, Bilder

Reiche Kulturschätze

In Nordrhein-Westfalen beeindrucken Kunst- und Bauwerke aus allen Jahrhunderten: von der mittelalterlichen Kaiserbüste über farbenprächtige Kirchenfenster bis zum modernen Wandschmuck ganz „blau in blau". Und nicht zu vergessen die herrschaftlichen Bauten vergangener Zeiten: Aus den mehreren hundert Burgen, Schlössern und Herrensitzen haben die WDR-Zuschauer die schönsten ausgewählt.

Top 15

Der beliebtesten Schlösser und Burgen

1. Schloss Nordkirchen, Münsterland
2. Burg Satzvey, Eifel
3. Schloss Drachenburg, Rheinland
4. Schloss Augustusburg & Falkenlust, Brühl (Rheinland)
5. Schloss Burg, Bergisches Land
6. Schloss Benrath, Rheinland
7. Burg Monschau, Eifel
8. Schloss Dyck, Niederrhein
9. Burg Vischering, Münsterland
10. Schloss Moyland, Niederrhein
11. Burg Anholt, Niederrhein
12. Wewelsburg, Kreis Paderborn
13. Schloss Corvey, Ostwestfalen
14. Schloss Bensberg, Rheinland
15. Schloss Neuhaus, Ostwestfalen-Lippe

Top 15

Die beliebtesten Kunstwerke

1. Muttergottes im Rosenhag – Stefan Lochner (Wallraf-Richartz-Museum, Köln)
2. Kölner Domfenster – Gerhard Richter (Kölner Dom)
3. Büste Karls des Großen (Domschatzkammer, Aachen)
4. Westfenster im Altenberger Dom (Bergisches Land)
5. Licht Himmel – Christina Kubisch (Gasometer Oberhausen)
6. Dionysos-Mosaik (Römisch-Germanisches Museum, Köln)
7. Lise mit dem Sonnenschirm – Auguste Renoir (Museum Folkwang, Essen)
8. Large Two Forms – Henry Moore (Park des ehemaligen Bundeskanzleramts, Bonn)
9. Contes Barbares – Paul Gauguin (Museum Folkwang, Essen)
10. Die Kreuzigung Petri – Peter Paul Rubens (St. Peter, Köln)
11. Mädchen mit Fischglocke – August Macke (Von der Heydt-Museum, Wuppertal)
12. Turm der Mütter – Käthe Kollwitz (Käthe-Kollwitz-Museum, Köln)
13. Komposition IV – Wassily Kandinsky (K20, Düsseldorf)
14. Blaue Reliefs – Yves Klein (Musiktheater im Revier, Gelsenkirchen)
15. Annentriptychon (Suermondt-Ludwig-Museum, Aachen)

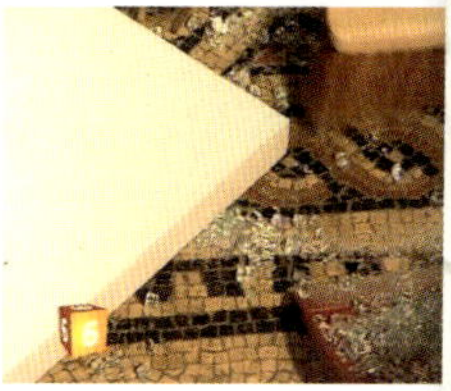

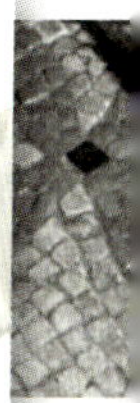

Die beliebtesten Kunstwerke

Kölner Domfenster (Gerhard Richter)

Es ist unbestritten eines der meistgesehenen Kunstwerke in Nordrhein-Westfalen. Und eines der beliebtesten – aber es spaltet das Publikum: Das bunte, vom Maler Gerhard Richter gestaltete Fenster im Südquerhaus des Kölner Doms. Rund 20000 Dombesucher schauen es sich täglich an. Und seit es im August 2007 feierlich geweiht wurde, ist es eine Augenweide – für Christen und Kunstliebhaber gleichermaßen. So könnte es sein, doch die 113 Quadratmeter große Fensterfläche polarisiert: Für die einen ist sie ein überwältigendes Seh-

4 Sinfonie aus Licht und Farbe - und auf Platz 4 der beliebtesten Kunstwerke: das Westfenster im Altenberger Dom

Top 15

Die beliebtesten Kunstwerke

1. Muttergottes im Rosenhag – Stefan Lochner (Wallraf-Richartz-Museum, Köln)
2. Kölner Domfenster – Gerhard Richter (Kölner Dom)
3. Büste Karls des Großen (Domschatzkammer, Aachen)
4. Westfenster im Altenberger Dom (Bergisches Land)
5. Licht Himmel – Christina Kubisch (Gasometer Oberhausen)
6. Dionysos-Mosaik (Römisch-Germanisches Museum, Köln)
7. Lise mit dem Sonnenschirm – Auguste Renoir (Museum Folkwang, Essen)
8. Large Two Forms – Henry Moore (Park des ehemaligen Bundeskanzleramts, Bonn)
9. Contes Barbares – Paul Gauguin (Museum Folkwang, Essen)
10. Die Kreuzigung Petri – Peter Paul Rubens (St. Peter, Köln)
11. Mädchen mit Fischglocke – August Macke (Von der Heydt-Museum, Wuppertal)
12. Turm der Mütter – Käthe Kollwitz (Käthe-Kollwitz-Museum, Köln)
13. Komposition IV – Wassily Kandinsky (K20, Düsseldorf)
14. Blaue Reliefs – Yves Klein (Musiktheater im Revier, Gelsenkirchen)
15. Annentriptychon (Suermondt-Ludwig-Museum, Aachen)

Erlebnis, für die anderen ist das abstrakt-bunte Glaskunstwerk schlichtweg ein Skandal. Zu bunt und beliebig, zu abstrakt und nicht sakral genug für den ehrwürdigen Dom, so lauten die Vorwürfe. Manch einen erinnert es an viele bunte Schokoperlen, den anderen an ein Fernsehtestbild von früher. Dabei war bei der Auftragsvergabe klar, dass der berühmte Maler und Wahl-Kölner einen Entwurf mit Skandal-Potential abliefern würde. Denn Richter, dessen Werke in den renommiertesten Museen der Welt hängen, entschied sich für die radikale Abstraktion und setzte auf den Zufall: Vom Computer ließ er die 11500 kleinen farbigen Fensterquadrate zufällig anordnen und bearbeitete das Ergebnis kaum nach. Damit kopierte sich der wohl wichtigste deutsche Gegenwartskünstler selbst: Denn Richters Gemälde „4096 Farben“ aus den 70er-Jahren beruht auf dem gleichen Prinzip. Für die kleinen Quadrate aus mundgeblasenem Glas im Dom allerdings verwendete Richter nur 72 verschiedene Farbtöne, deren Schattierungen sorgfältig auf die historischen Domfenster abgestimmt sind. Ob nun zu bunt oder nicht – wer den Dom anschaut, kommt am Richter-Fenster nicht vorbei.

Büste Karls des Großen

Einen Europäer von Format und einen wirklich großen Nordrhein-Westfalen zeigt dieses kostbare Kunstwerk aus der Aachener Domschatzkammer. In Aachen weilte Karl der Große (747–814) seinerzeit am liebsten – auch wenn er fast ganz Europa in einem Reich vereint hatte. Der mächtige Merowingerherrscher war das ganze Mittelalter hindurch eine Lichtgestalt; heute gilt er als Urvater des vereinten Europas. Ob er allerdings wirklich so aussah wie seine kostbare, aus Gold und Silber gefertigte Porträtbüste, wissen wir nicht. Denn die Büste entstand erst um 1349, fünf Jahrhunderte nach Karls Tod, und ein zeitgenössisches Bildnis ist nicht erhalten. Kaiser Karl IV. stiftete die Porträtbüste zu Ehren seines berühmten Namensvetters. Sie zeigt den Frankenkaiser in idealisierter Gestalt, auf dem Kopf eine reich mit kostbaren Edelsteinen verzierte Bügelkrone. Auch die Büste selbst ist mit zahlreichen Edelsteinen geschmückt. Der Prunk kommt nicht von ungefähr: Schließlich ist das gute Stück ein Reliquienschrein. Denn Kaiser Karl wurde schon 1165 heiliggesprochen, und im Innern des kostbaren Kaiserkopfes wird ein Stück Original-Schädeldecke Karls aufbewahrt. Und noch einen Sinn hatte die prächtige Nachbildung des ersten Kaisers: Traditionell wurden die Königskrönungen in der von Karl dem Großen erbauten Pfalzkapelle durchgeführt, die wir als Aachener Dom kennen. Vor der Zere-

Platz 3: Ein großer Europäer und machtbewusster Eroberer: Karl der Große. Der erste Kaiser war bereits im Mittelalter eine mythische Gestalt.

monie wurde dem Krönungskandidaten die Porträtbüste Karls des Großen entgegengetragen, damit jener seinem berühmten Vorgänger die Ehre erweisen konnte.

Westfenster im Altenberger Dom

Es ist ein Traum in Farbe und Licht – und das größte Kirchenfenster nördlich der Alpen. Und es befindet sich in Nordrhein-Westfalen, nämlich im Altenberger Dom zwischen Solingen und Bergisch Gladbach im Bergischen Land. Den Altenberger Dom erhellt ein acht Mal achtzehn Meter großes farbenprächtiges gotisches Fenster. Als das bunte Westfenster mit den vielen Figuren um 1400 entstand, war es eigentlich ein Verstoß gegen die strengen Zisterzienser-Regeln. Denn diese besagten, dass ein Kircheninnenraum schlicht und farblos zu sein habe. Aber was ist dieses Fenster für eine Augenweide! Wunderbar farbiges Licht akzentuiert die filigrane Gliederung und die klaren Linien des gotischen Kirchenraums. Aber immerhin verzichtete man beim Äußeren der Klosterkirche entsprechend den Ordensregeln auf den Turm. Die auch „Bergischer Dom" genannte gotische Kirche wurde nach französischen Vorbildern Mitte des 13. bis Ende des 14. Jahrhunderts als Gotteshaus einer Zisterzienserabtei erbaut. „Gesponsert" wurde das Kloster von den mächtigen Nachbarn der Mönche, den Grafen

Er steht inmitten der herrlichen Natur des Bergischen Landes – und das schon seit fast 900 Jahren: der Altenberger Dom, der eigentlich gar kein Dom ist.

von Berg. Die hatten ihre Stammburg gleich nebenan. Graf Wilhelm II. von Berg, der 1380 sogar zum Herzog aufgestiegen war, ist mit seiner Frau auch auf dem kurze Zeit später angefertigten Westfenster dargestellt. Eigentlich ist „Unserer Lieben Frau zu Altenberg", wie die Kirche offiziell heißt, kein richtiger „Dom" und war in ihrer Geschichte auch nie eine Bischofskirche. Aber dafür ist sie architektonisch ungeheuer eindrucksvoll, ungefähr genauso alt wie der Kölner Dom – und sie liegt sogar wesentlich schöner als dieser inmitten der Natur des Bergischen Landes. Übrigens: Der Altenberger Dom ist schon seit über 150 Jahren eine sogenannte Simultankirche. Das heißt, dass sich seit 1857 sowohl die örtliche katholische als auch die protestantische Gemeinde am schönen Westfenster erfreut, die beide die Kirche gemeinsam nutzen.

Yves Klein – Blaue Reliefs

Der französische Künstler war ein früh Vollendeter, ein Künstler der totalen Reduktion – für Yves Klein war die Farbe Blau alles. Und was Kleins elektrisierendes Blau kann, ist im Foyer des Ruhr-Opernhauses in Gelsenkirchen zu erleben. Denn ausgerechnet im Ruhrgebiet der Wirtschaftswun-

Klassischer Ruhrgebiets-Imbiss

Currywurst

„Kommse vonne Schicht, wat schönret gibt et nich – als wie Currywurst", sang Ruhrpott-Barde Herbert Grönemeyer im Jahr 1982. Der Song ist eine Hymne auf das beliebteste Ruhri-Fastfood. Denn wie Zechensiedlungen und Stahlwerke gehört die Imbissbude und mit ihr die Currywurst untrennbar zum Industrierevier. Natürlich ist die heiße Bratwurst, gepudert mit exotischem Currypulver und übergossen mit einer würzigen roten Soße, so ziemlich überall in unserem schönen Bundesland beliebt. Kenner allerdings wissen, dass der schnelle Snack erst im Ruhrgebiet zur Perfektion gelangte. Erfunden allerdings wurde die Currywurst definitiv nicht hier: Sowohl Berlin als auch Hamburg beanspruchen, der Ort zu sein, an dem sich Ende der 40er-Jahre zum ersten Mal die Bratwurst mit Currypulver vermählte. Wie dem auch sei: Im Kohlenpott der Nachkriegszeit entwickelten Malocher und Kumpels einen ungebremsten Appetit auf den scharfen schnellen Snack. Bis heute ist er ein Imbissklassiker geblieben. Vielmehr: Das pikante Schnellgericht ist heute Kult. Gern wird es in Form der sogenannten „Manta-Schale rot-weiß" geordert – also begleitet von „Pommes Schranke" (Fritten „rot-weiß", also mit Mayonnaise und Ketchup). Am besten schmeckt ein gekühltes Pilsken dazu. Lecker – aber nichts für Kalorienbewusste! Typisch für die nordrhein-westfälische Currywurst ist eine eher süßlich-würzige und stets warme Soße dazu. Allerdings machen nur absolute Pfuscher gekauften Gewürzketchup warm. Imbissbesitzer, die auf sich halten, kreieren ihre Soße selbst – und verraten keinem, was genau drin ist. Aber unabhängig von den Zutaten – passiert beim Essen ein Unfall mit der klebrigen Substanz, ist man angeschmiert. Da bleibt dann nur, wie seinerzeit „Hörbie" auszurufen: „Aufm Hemd, auffer Jacke – Ker, wat ist dat 'ne K...! – Alles voll Currywurst!"

'ne schnelle Wurst geht immer, egal ob Brat- oder Currywurst.

„Gehsse inne Stadt, wat macht dich da satt – 'ne Körriwuass!"

„Currywurst" (1982), Herbert Grönemeyer

Legendärer Ruhrpott-Fußballstar

Reinhard „Stan" Libuda

Er war so etwas wie der deutsche Messi der 60er- und 70er-Jahre; und eine Legende des Ruhrpott-Fußballs: Reinhard Libuda, genannt „Stan". Sein Name ist auf ewig mit der großen Zeit des FC Schalke 04 verbunden. Libuda war mit seinem Verein „verheiratet". Aufgewachsen in Gelsenkirchen, spielte er schon als Jungfußballer bei den „Knappen" – auf der Position Rechtsaußen. Seinen Beinamen verdankt er dem Stanley-Matthews-Trick, den er, wie der namensgebende englische Spieler, perfekt draufhatte: Mit dem Ball am Fuß auf den Gegner loslaufen, nach einer Seite hin antäuschen und dann blitzschnell an der anderen Seite vorbeidribbeln. So spielte Libuda alle Gegenspieler schwindlig und brachte mit seiner Spielweise südländisches Flair auf den Platz. Ende der 60er war er Spielführer bei Schalke und Stammspieler in der Nationalelf. Unvergessen ist Libudas Leistung in der Vorrunde der WM 1970 in Mexiko: Gegen Bulgarien erzielt er ein Tor, drei weitere bereitet er vor. Endstand ist schließlich 5:2. Bulgariens Trainer nach dem Spiel: „Diesen Mann kann man nur mit einer Flinte erlegen." Aus der gleichen Zeit stammt die berühmte Anekdote vom frommen Plakat in Gelsenkirchen mit den Worten: „Keiner kommt an Gott vorbei". Ein Schalke-Fan ergänzte keck mit: „Außer Libuda." Leider gehört auch viel Tragik zu Libudas Geschichte, denn auch er war 1971 in den Bundesliga-Skandal verstrickt; die ganze Schalker Mannschaft hatte sich bestechen lassen und wurde gesperrt – lebenslang. Nach zwei Jahren im Ausland wurde er begnadigt, fand aber nicht mehr zur alten Form zurück und beendete seine Karriere Mitte der 70er. Nach dem Rückzug vom Fußball und finanziellen Misserfolgen lebte der scheue Libuda in einfachen Verhältnissen. 1997 starb er mit nur 52 Jahren an einem Schlaganfall. Mit einem langen Trauerzug erwiesen die Schalker ihm die letzte Ehre.

Libuda ist „auf Schalke" bis heute unvergessen: Eine Straße vor der neuen Arena wurde nach ihm benannt.

„An Gott kommt keiner vorbei – außer Libuda": Der legendäre Rechtsaußen war an guten Tagen von keinem Verteidiger zu stoppen.

Platz 14: Gelsenkirchens Schaufenster der Kultur – mit Blick ins „Foyer des Jahrhunderts“: das Musiktheater im Revier

derzeit begann die Weltkarriere des monochromen Malers: Klein gestaltete Ende der 50er-Jahre am Musiktheater im Revier das „Foyer des Jahrhunderts“, vier leuchtend blaue Tafeln mit großflächigen Reliefs. In leuchtendem „Gelsenkirchener Blau“ strahlen sie durch die verglaste Vorderfront des Musiktheaters gleichsam in die Stadt hinein. Werner Ruhnau, der Architekt des Opernhauses, holte den noch unbekannten Maler von Paris ins Revier, und gemeinsamen entwarfen sie das Kunstwerk. Klein hatte allerdings Schwierigkeiten, eine Farbe mit den richtigen Eigenschaften für die Naturschwämme und den Gips der Reliefs zu finden: Sein sonst verwendetes Markenzeichen, das leuchtende „IKB“ – das „International Klein Blue“, wenig später von ihm patentiert –, hielt auf dem porösen Untergrund nicht. Mit einem Wuppertaler Kunstprofessor zusammen entwickelte er ein ebenso intensives „Gelsenkirchener Blau.“ So konnte Kleins größtes Werk doch noch entstehen. Die Oberflächen der Installation erinnern an Landschaften mit Bergrücken und Tälern. Die Wirkung auf den Betrachter aber geht von ihrem magischen Ultramarin-Ton aus. Und das war auch in der Entstehungszeit so: Denn das einfarbige Kunstwerk bewegte die Gemüter im Gelsenkirchen der Nachkriegszeit. Das sollte Kunst sein? Vier einfarbig blaue Wandflächen? Allerdings: Yves Kleins eindrucksvolle Rauminstallation, übrigens das größte Werk des 1962 verstorbenen Künstlers, war die Initialzündung zu Kleins Weltruhm als Maler und Konzeptkünstler. Heute sind die Gelsenkirchener zu Recht stolz auf Kleins „Foyer des Jahrhunderts“ – und das schönste Schaufenster ihrer Stadt.

Glanz und Gloria, das gab es auch in Nordrhein-Westfalen!

Sieht es nicht aus wie aus einem Märchenbuch entsprungen? Dabei stammt Schloss Drachenburg aus dem 19. Jahrhundert. Auch sein Bauherr war der Mittelalter-Begeisterung der Zeit erlegen.

Das beliebteste Schloss Nordrhein-Westfalens: Schloss Nordkirchen im Münsterland, nicht ohne Grund auch „westfälisches Versailles“ genannt

Platz 3: Pflichtstopp auf dem Weg zum Gipfel: Schloss Drachenburg, heute sehenswertes Gründerzeit-Museum

Die beliebtesten Schlösser und Burgen

Schloss Nordkirchen

Man nennt es auch das „westfälische Versailles“ – in Westfalen ist man jedenfalls nicht wenig stolz auf das Wasserschloss Nordkirchen. Zumindest ist es das größte der zweihundert westfälischen Schlösser. Was es so typisch westfälisch macht, ist die doppelte „Gräfte“, der breite Wassergraben, der Gebäude und Schlossgarten umgibt. Leider erlebte der Bauherr, Fürstbischof Friedrich Christian von Plettenberg (1644–1706), die Fertigstellung nicht mehr. Die Innenausstattung ist in prächtigstem Rokoko-Prunk gehalten. Vor allem der Jupitersaal beeindruckt mit seinen Stuckarbeiten, Gemälden, Büsten und Kristallleuchtern. Vom guten Geschmack des Architekten Johann Conrad Schlaun zeugt zumal die hochbarocke Schlosskapelle mit ihren Deckenmalereien und Stuckverzierungen. Auch für den stimmig rekonstruierten barocken Garten sind Superlative angebracht: Schloss Nordhausens Gartenanlage gilt als die schönste barocke Gartenanlage Nordwestdeutschlands. Deren Herzstück liegt auf der Schloss-Insel, mit dem für französische Barockgärten typischen ornamentalen Broderieparterre. Drumherum laden insgesamt acht Kilometer Alleen und Wege zu ausgedehnten Spaziergängen ein. Übrigens ist Schloss Nordkirchen im wahren Wortsinn ein Highlight Nordrhein-Westfalens, denn einige der Schloss-Innenräume sind Hörsäle für angehende Finanzexperten der öffentlichen Verwaltung – einen Teil des Schlosses nutzt die Fachhochschule für Finanzen des Landes Nordrhein-Westfalen.

Schloss Drachenburg

Es ist ein „Märchenschloss im Retro-Stil", das Ende des 19. Jahrhunderts entstandene Schloss Drachenburg als Stilmix aus mittelalterlicher Gotik und Renaissance-Elementen – eben so, wie man sich zu ebenjener Zeit eine richtige Burg vorstellte. Der Bauherr war ein reicher rheinischer Börsenmakler, der sich das repräsentative Anwesen am Hang des Drachenfels leisten konnte. Der in Paris lebende Stephan von Sarter zog freilich nie in sein Prunkschloss ein. Nach seinem Tod wurde das Schloss verschiedentlich genutzt. Im Zweiten Weltkrieg geriet es in die Schusslinie der Alliierten, in den 1960ern drohte gar der Verfall. Doch ein moderner Märchenprinz, freilich nicht auf weißem Ross, sondern im goldfarbenen Rolls-Royce, weckte das Märchenschloss aus dem Dornröschenschlaf: Der exzentrische Millionär Paul Spinat kaufte es und rettete so das Anwesen vor dem Zerfall. Der Godesberger Fabrikant nutzte sein Schloss als Kulisse, um hoch über dem Rhein seinen extravaganten Lebensstil zu inszenieren. Er ließ sogar eigens eine im-

Top 15

Der beliebtesten Schlösser und Burgen

1. Schloss Nordkirchen, Münsterland
2. Burg Satzvey, Eifel
3. Schloss Drachenburg, Rheinland
4. Schloss Augustusburg & Falkenlust, Brühl (Rheinland)
5. Schloss Burg, Bergisches Land
6. Schloss Benrath, Rheinland
7. Burg Monschau, Eifel
8. Schloss Dyck, Niederrhein
9. Burg Vischering, Münsterland
10. Schloss Moyland, Niederrhein
11. Burg Anholt, Niederrhein
12. Wewelsburg, Kreis Paderborn
13. Schloss Corvey, Ostwestfalen
14. Schloss Bensberg, Rheinland
15. Schloss Neuhaus, Ostwestfalen-Lippe

Platz 8: Das barocke Schloss Dyck am Niederrhein war jahrhundertelang der Stammsitz der kunstsinnigen Familie von Reifferscheidt-Dyck.

posante Treppe einbauen, die im Obergeschoss nirgendwohin führte – nur um sie bei großen Festen effektvoll hinabschreiten zu können. In den letzten Jahren für 30 Millionen Euro aufwendig restauriert, ist die prunkvolle Architektur und Einrichtung von Schloss Drachenburg heute etwa so wiederhergestellt wie zu seiner Entstehungszeit vor 120 Jahren. Eine Besichtigung lohnt sich.

Schloss Dyck, Niederrhein

Ein Schloss und ein Garten, die ganz der Garten- und der bildenden Kunst gewidmet sind – denn schließlich war die letzte Schlossherrin, die 2011 verstorbene Marie Gräfin Wolff-Metternich, eine leidenschaftliche Sammlerin moderner Kunst und eine Gartenliebhaberin dazu, ganz wie ihr Vorfahr Fürst Joseph zu Salm-Reifferscheidt-Dyck. Er war es, der die Gärten des barocken Schlosses im 19. Jahrhundert in englische Landschaftsgärten umgestalten ließ. Sie wurden im Rahmen der Landesgartenschau 2002 erweitert. Und was sind das für eigenartige Steinblöcke in den „Neuen Gärten"? Natürlich Kunst – moderne Kunst. Genau gesagt sind es Skulpturen des Bildhauers Ulrich Rückriem. Schloss Dyck ist heute „Zentrum für Gartenkunst und Landschaftskultur". In den Hautgebäuden ist ein kleines Museum entstanden, in dem auch immer wieder moderne Kunst zu sehen ist. Zu verdanken ist das den Bemühungen von Gräfin Wolff-Metternich, die das Schloss, nach neun Jahrhunderten im Besitz der Familie Salm-Reifferscheidt-Dyck, im Jahr 1999 in eine Stiftung überführte. Sie setzte sich auch für die Restaurierung der Räumlichkeiten ein, in denen sie mit sechs Schwestern zusammen aufwuchs. So kann man sich von den prunkvollen Räumen der Rokoko-Residenz – edle Möbel, kostbare Tapeten und alte Kunstwerke – beeindrucken lassen. Schließlich war im 18. Jahrhundert die wehrhafte Wasserburg – im 17. Jh. umgebaut zur frühbarocken Residenz – ein Treffpunkt der vornehmen adeligen Gesellschaft. Vielleicht aber kennen Sie das vornehme Anwesen längst aus dem Fernsehen. Denn in der WDR-Soap *Verbotene Liebe* war Schloss Dyck lange als „Schloss Friedenau" zu sehen.

Mit moderner Lichtkunst verzaubert: das historische Schloss Dyck

Westfälische Spezialität

Pumpernickel

Die Entdeckung der Langsamkeit – das ist Westfalen. Böse Zungen behaupten auch: So „sind" die Westfalen. Dabei ist der Westfale echt und kernig und hält Schwadronieren für Zeitverschwendung. Und was echt und kernig ist, das braucht eben manchmal etwas länger. Das ist beim westfälischen Schinken so – Reifezeit: sechs Monate, mindestens – und auch bei „der" westfälischen Brotspezialität, dem Pumpernickel. Das dunkle Brot aus Vollkornschrot ist weltweit einzigartig. Im Original wird es gedämpft, nicht gebacken, und das mindestens 16 Stunden lang. Denn nur so kann sich der typische Geschmack entwickeln. Kernig? Ohne Zweifel. Denn nur Roggenschrot, Wasser und Salz sind drin; Backtriebmittel oder Stärke – Fehlanzeige! Jedenfalls beim Original. Weil auch für heutige Bäcker Zeit gleichbedeutend mit Geld ist, wird oft „abgekürzt": Dann wird Hefe als Triebmittel beigegeben, und süßes Rübenkraut imitiert die Zuckerverbindungen, die normalerweise beim langsamen Garen aus der Roggenstärke entstehen. So, jetzt wissen wir, was drin ist und was nicht drin sein sollte. Aber woher kommt der eigenartige Name? Dazu gibt es verschiedene Deutungen. Beispielsweise bedeutet im Sauerland „pumpern" so viel wie „Darmwind ablassen". Und der „Nickel" ist in Westfalen ein Kobold. Aber keine Angst: Die Därme rumoren nach dem Verzehr nicht. Gut für die Verdauung ist das volle Korn aber allemal. Und wie schmeckt es? Einfach genial. Herzhaftes passt genauso zu Pumpernickel wie Süßes. Und er hält lange vor – westfälisches Power-Food, eben echt und kernig wie seine Heimat.

Rheinische Spezialität

Himmel und Ääd

Der Rheinländer liebt seine Snacks bodenständig und einfach – vielleicht, damit er mehr Zeit zum Feiern hat. Das Paradebeispiel ist der beliebte Kölner Imbiss „halve Hahn". Mit Geflügel hat der ja bekanntlich gar nichts zu tun, besteht er doch ganz einfach aus einem mit Butter bestrichenen halben Roggenbrötchen („Röggelchen") und einer ordentlichen Scheibe mittelalten Gouda als Auflage. Dazu werden Senf und eine Gewürzgurke gereicht – schon fertig! Um den Ursprung des Namens ranken sich diverse Geschichten. Vielleicht hat ein Kölner Zecher – nach ein paar Stangen Kölsch – einfach den Wirt nach einem halben Brötchen gefragt: „Ech möt ne halve han."
Fast ebenso einfach ist das andere rheinische Traditionsgericht „Himmel und Ääd" – wenn auch nicht ganz so vegetarisch. Zwar besteht es in der Hauptsache aus Äpfeln, die für den Himmel stehen, und aus Kartoffeln, für den bodenständigen Teil; „Äädäppel" heißen die ja auch in rheinischer Mundart. Unbedingt aber gehört noch eine ordentliche Scheibe Hausmacher Blutwurst dazu, in Köln „Flönz" genannt. Gemacht ist der rheinische Küchenklassiker schnell: Während die Äpfel mit etwas Zucker und einem Spritzer Zitronensaft ein Viertelstündchen dünsten, Kartoffeln aufsetzen. Sind diese gar, sie mit Butter, Milch und Muskatnuss stampfen. Fertigen Apfel- und Erdapfelbrei warm stellen.
Ein paar Zwiebeln sind schnell in Ringe geschnitten, sie werden angebraten. Dasselbe passiert mit der Blutwurst, die davor kurz mit Mehl gepudert wird. Alles auf einem Teller anrichten, mit ordentlich gebratenen Zwiebeln bedecken – fertig ist das rheinische Leibgericht.

Apfel trifft Erdapfel. Und die gebratene Blutwurst kommt beim rheinischen Klassiker „Himmel und Ääd" gleich mit auf den Teller.

Platz 9: Burg Vischering im Münsterland sieht so aus, wie sich Kinder eine Ritterburg vorstellen. Und im Kindermuseum der Burg dürfen Rüstungsteile angefasst werden.

Burg Vischering, Münsterland

Genauso sieht eine echte Ritterburg aus: mit dicken Mauern, Schießscharten und Wehrgängen – und einem Wassergraben drumherum. Burg Vischering, die besterhaltene und schönste Wasserburg des Münsterlands, hat all das. Nur der hohe Burgturm fehlt, denn der trutzige Bau wurde nach einem schweren Brand im Stil der Renaissance umgestaltet; da störte der Bergfried und wurde abgerissen. Dafür umgibt Vischering nicht bloß ein Wassergraben, sondern gleich ein ausgedehntes System davon; solche Gräften sind typisch für das Münsterland. Im späten 13. Jahrhundert ließ der Bischof von Münster die Burg erbauen, um die Grenze seiner Ländereien zu sichern, denn die Konkurrenz schlief nicht: Nur wenige hundert Meter erhebt sich noch heute die Burg Lüdinghausen, seinerzeit Sitz der feindlichen Grafen von Lüdinghausen. Die hatten sogar eine weitere Burg in der Nähe gebaut, nämlich Burg Wolfsberg. Heute ist Burg Vischering nicht zuletzt deshalb ein besonders lohnendes Ausflugsziel, weil man gleich drei Burgen besuchen kann. Und besonders Nachwuchs-Ritter freuen sich, denn in Burg Vischerings „Kindermuseum“ dürfen Kettenhandschuhe, Rüstungen und Helme ausdrücklich angefasst und aufgesetzt werden.

*Et es, wie et es.**

*Auszug aus „Et rheinisch Jrundjesetz"
Artikel 1: Et es, wie et es. („Es ist, wie es ist.")
Sieh den Tatsachen ins Auge.
Artikel 2: Et kütt, wie et kütt. („Es kommt, wie es kommt.")
Füge dich in das Unabwendbare;
du kannst ohnehin nichts am Lauf der Dinge ändern.
Artikel 7: Wat wells de maache? („Was willst du machen?")
Füg dich in dein Schicksal.

*Wat wells de maache?**

*Et kütt, wie et kütt.**

Beliebtes Mittelalter-Spektakel seit 1981: die Ritterspiele auf Burg Satzvey. Platz 14

WAS LOS IN NRW!

Platz 11 der besten Gruselorte: Seit Jahrhunderten ist der Kölner Melatenfriedhof ein Ort des Todes.

WAS LOS IN NRW!

Platz 4 der beliebtesten Spektakel: Die Cranger Kirmes in Herne-Crange ist die größte Kirmes im Lande.

WAS LOS IN NRW!

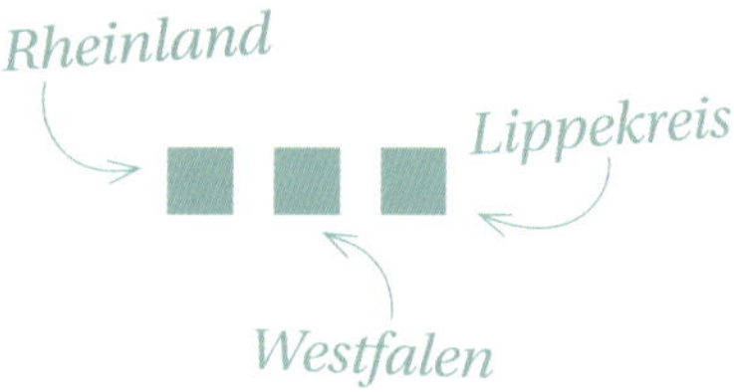

WAS LOS IN NRW!

Das Beste: Erlebnis-Orte, laut und leise

Egal, ob Ritterspiele, Feste, Märkte oder die „fünfte Jahreszeit“: Nordrhein-Westfalen hat jede Menge tolle Orte, an denen was los ist! Aber auch, wer Ruhe sucht, wird in unserem Bundesland fündig: In vielen alten und neuen Klöstern, in denen christliche Tradition gelebt wird. Und dann gibt es noch Orte, an denen gerade die Stille so aufregend ist, dass einem ein kalter Schauer über den Rücken läuft …

Die beliebtesten Spektakel

Liborifest

Es ist eins der größten und ältesten Volksfeste nicht nur Nordrhein-Westfalens, sondern ganz Deutschlands: das Liborifest. Für Rheinländer zum besseren Verständnis: Das Liborifest ist für den normalerweise gesetzten Ostwestfalen ein ausgelassener Jahreshöhepunkt wie der rheinische Karneval. Die neun Tage Ausnahmezustand in der Paderborner Innenstadt beginnen immer am Samstag nach dem 23. Juli, denn das war das Datum im Jahr 836, an dem der Zug mit den Reliquien des Heiligen Liborius nach langer Reise aus Le Mans in Frankreich Paderborn erreichte. Seitdem wird an diesem Datum das Fest des Paderborner Dompatrons gefeiert. Neben dem kirchlichen

Das Liborifest in Paderborn kam auf Platz 6 der größten Spektakel. Es geht auf das Jahr 836 zurück.

Gedenken wird schon lange weltlich gefeiert; der Markt zu Libori mit buntem Treiben findet bereits seit dem 16. Jahrhundert statt. Höhepunkt der Festlichkeiten ist der Umzug des goldenen Libori-Schreins durch die Stadt, begleitet von den Schützen und allen anderen wichtigen christlichen Gruppierungen der Stadt. Die Träger des Schreins mit den sterblichen Resten des Heiligen sollen Paderborner mit angeblich untadeligem Lebenswandel sein. Aber auch im sehr katholischen Paderborn fasziniert vor allem die weltliche Seite des Festes – die große Kirmes und der Markt locken Menschen aus ganz Westfalen in die Stadt an der Pader. Und weil's so schön ist, wird im Herbst noch einmal gefeiert: „Klein-Libori" heißt die etwas abgespeckte Version, die Ende Oktober stattfindet.

Wildpferdefang in Dülmen

Das Münsterland ist Pferdeland – sogar Wildpferdeland! Und im westlichen Münsterland haben die Wappentiere Westfalens einmal im Jahr ihren großen Auftritt, allerdings eher unfreiwillig: Beim Dülmener Wildpferdefang. Immer am letzten Samstag im Mai glaubt man sich auf der Wildpferdebahn im Merfelder Bruch bei Dülmen im Wilden Westen: wenn die jungen Burschen die etwa 350 Tiere starke Herde in eine Einfriedung treiben – vor Hunderten von Zuschauern. In jedem Frühjahr werden die einjährigen Hengste aus der Herde herausgefangen, damit sich die letzten Wildpferde Nordrhein-Westfalens nicht unkontrolliert vermehren können. Danach geht es für die meisten Wildlinge wieder ab in die Freiheit, bis auf die Jährlingshengste: Sie werden als Reit- oder Kutschpferde versteigert. Wenn sie nicht gerade ihren großen Auftritt in der Wildpferdebahn haben, traben die Dülmener Wildpferde, sich selbst überlassen und weitgehend ungestört, durch Wald und Wiesen des 360 Hektar großen Naturschutzgebiets. Das weit über Westfalen hinaus beliebte Spektakel des

Top 15

Die beliebtesten Spektakel

1. Rheinischer Karneval
2. Kölner Lichter
3. CSD Köln, Cologne Pride
4. Cranger Kirmes, Herne-Crange
5. Schützenfest in Neuss
6. Liborifest
7. Warsteiner Montgolfiade
8. Rennrodel-Bobmeisterschaften Winterberg
9. Soester Allerheiligenkirmes
10. Wildpferdefang in Dülmen
11. CHIO in Aachen
12. Japantag Düsseldorf
13. Extraschicht – Nacht der Industriekultur
14. Ritterspiele auf Burg Satzvey
15. Römerfest Xanten

Auf Platz 10 der beliebtesten Spektakel: der Wildpferdefang in Dülmen, der alljährlich Ende Mai stattfindet

Wildpferdefangs geht auf das Jahr 1907 zurück. Es findet unter der Schirmherrschaft des Herzogs von Croy statt, zu dessen Ländereien der Merfelder Bruch gehört. Wer einmal in Dülmen auf der Tribüne sitzen möchte, ein Tipp: Die Karten dafür sind immer ruckzuck ausverkauft. Aber von den Stehplätzen an der Arena hat man auch einen sehr guten Blick auf das umfangreiche Vorprogramm – und darauf, wie die „Münsterländer Cowboys“ die jungen Hengste mit bloßen Händen einfangen.

ExtraSchicht – Nacht der Industriekultur

Eine Sommernacht lang ist der ganze Ruhrpott in Bewegung. Dann ist wieder ExtraSchicht. Klingt nach Arbeit, ist aber Vergnügen, denn in dieser

Die ExtraSchicht belegt Platz 13 der Hitliste der beliebtesten Spektakel. Das ganze Ruhrgebiet wird zur Installation.

Nacht wird im Ruhrgebiet Kunst und Kultur zelebriert, und zwar im ganz großen Stil. Zeitgleich an 50 Orten der größten Metropolregion Deutschlands finden Events statt: um die 200 Konzerte, Performances, Ausstellungen und Lesungen. Das über hundert Seiten starke Programmheft zeugt von dem riesigen Angebot. Auch der alteingesessene Ruhri kann jedes Mal immer wieder Neues entdecken. Und zwar an Orten, die zu besonderen Symbolen der industriellen Vergangenheit des Ruhrgebiets geworden sind, wie dem Gasometer, dem Schiffshebewerk Henrichenburg, der Jahrhunderthalle Bochum oder im Landschaftspark Duisburg-Nord – um nur ein paar der bekanntesten zu nennen. Sie werden an einem Wochenende im Juni oder Juli eine lange Nacht hindurch durch Lichtinstallationen und Performances im wahren Wortsinn zu spektakulären Leuchttürmen der Industriekultur. Von Ort zu Ort gelangt der Besucher mit Bus und Bahn und zahlreichen extra eingerichteten Shuttles, denn das Ticket der ExtraSchicht ist zugleich Fahrkarte für den Nahverkehr. Damit ist sie eine selbstbewusste Leistungsschau des gelungenen Strukturwandels, die die erfolgreiche Entwicklung des ehemaligen Kohle- und Stahlreviers zum Kulturstandort zeigt. Schon lange sind hier schließlich ehemalige Industrieanlagen Landschaftsparks oder finden auf früheren Zechen Konzerte und in

Tempel des Ruhrgebiet-Fußballs

Veltins-Arena, Gelsenkirchen

In diesem Stadion gibt es Fußballatmosphäre, wie sie sein soll. Wenn im neuen, hochmodernen Stadion des FC Schalke der ewige „Meister der Herzen" aus Gelsenkirchen aufläuft, dann verwandeln die Fans die Veltins-Arena in ein Meer aus weißblauen Fahnen und feuern die Knappen mit lautstarken Gesängen an. Das Stadion mit seiner tollen Akustik wird zum Hexenkessel, denn die tausendstimmigen Chöre erzeugen einen enormen Schalldruck. Pech für die Gästemannschaft, schließlich sind an Heimspieltagen eigentlich immer sämtliche der fast 62000 Plätze des riesigen Fußballtempels besetzt. Aber das 2001 als „Arena AufSchalke" eröffnete Stadion, das seit 2005 den Namen des Hauptsponsors trägt, ist nicht nur eine Pilgerstätte für Fußballbegeisterte, sondern als Veranstaltungsort ein wahres Chamäleon. Auch Eishockey-Partien, Boxkämpfe und Rockkonzerte werden hier regelmäßig ausgetragen. Dafür, dass all das möglich ist, sorgt modernste Ingenieurstechnik. Bei Konzerten wird ein Teil der Südtribüne eingefahren, und wenn nötig, wird auch das Dach geschlossen. Am spektakulärsten aber ist das verschiebbare Spielfeld: Der heilige Rasen befindet sich in einer riesigen Wanne, die beiseitegefahren werden kann. So muss das Grün nicht leiden, wenn andere Veranstaltungen stattfinden. Billig war das alles nicht: 191 Millionen Euro hat der Stadionbau verschlungen. Bereits 1990 war beim Verein klar, dass das alte Gelsenkirchener Parkstadion für den Ligabetrieb der Zukunft nicht ausreichen würde. Aber die ehrgeizigen Neubaupläne scheiterten am Geld; erst Manager-Legende Rudi Assauer machte Ende der 90er-Jahre den Neubau möglich. Von dem zeigte sich auch Sepp Blatter sehr beeindruckt, der als Chef des Weltfußballverbands FIFA schon einige Stadien gesehen haben dürfte. Der europäische Verband vergab fünf Sterne und nahm die Arena damit in die höchste Stadienklasse auf. So ist man auf Schalke also für die Zukunft gerüstet. Jetzt brauchen die Stars des FC Schalke nur noch den richtigen Schalldruck, und dann klappt es vielleicht endlich mal wieder mit der Meisterschaft – auch um dem ewigen Rivalen in Dortmund endlich einmal zu zeigen, wo der Fußball im Ruhrgebiet sein eigentliches Zuhause hat.

Außen beeindruckt die Veltins-Arena durch eine Fassade mit viel Glas …

… innen durch Spitzentechnik und viel Platz für 62000 Fußballverrückte.

ehemaligen Gastanks Ausstellungen statt, zu denen die Besucher in Scharen strömen. Aber das ist nicht alles: Was die ExtraSchicht so besonders macht, ist, dass sie im Revier verwurzelt ist. Menschen aus der Region machen Kultur für Menschen in der Region – und Künstler aus aller Welt sind mit dabei. Gerade in dieser gelungenen Mischung zeigt sich unverkennbar das Gesicht des Ruhrgebiets. Und es ist wirklich für jeden etwas dabei: von der Architekturführung über moderne Performancekunst bis hin zum Hip-Hop-Konzert. So bringt die ExtraSchicht jedes Jahr aufs Neue die Metropole Ruhr in Bewegung.

Farbenfrohe Illuminationen, riesige Projektionen und ungewöhnliches Lichtdesign prägen die Nacht der Industriekultur, ein Spektakel mit Feuerwerk im Dortmunder Hafen.

Klassik und Industriekultur: In der Jahrhunderthalle Bochum führen Musikstudenten verschiedener Hochschulen im Rahmen der ExtraSchicht einen Klaviermarathon auf.

Die Deckenkonstruktion in der Jahrhunderthalle Bochum, heute eine „Montagehalle für Kunst", erinnert deutlich an ihre industrielle Vergangenheit.

Kathedrale der Industriekultur

Jahrhunderthalle Bochum

Als imposantes Denkmal der industriellen Vergangenheit an der Ruhr und zugleich als schicker Ort der Kultur, so präsentiert sich die Jahrhunderthalle Bochum. Der Raum im Innern ist dafür ideal: Herzstück des imposanten Bauwerks ist eine riesige Halle weitgehend ohne Säulen mit fast 9000 Quadratmetern Fläche. Die gelungene Kombination aus Alt und Neu ist natürlich auch dem zurückhaltenden Umbau durch die Architekten Petzinka und Partner im Jahr 2003 zu verdanken. Die auffallendste Neuerung sind die Glasfassade des modernen Foyers und vor allem das einladend nach oben geklappte Vordach. Bald nach ihrer Eröffnung wurde die Jahrhunderthalle Bochum zum Aushängeschild der Kunst-Festspiele Ruhrtriennale. Wo heute Konzerte, Kultur und Kunst begeistern, war früher die Gebläseanlage eines Stahlwerks untergebracht. Aber das ist noch nicht alles: In ihrem „ersten Leben" stand die Jahrhunderthalle Bochum ganz woanders, nämlich in Düsseldorf. Und da sah sie auch noch nicht wie eine Industriehalle, sondern wie eine Kirche aus. Und das kam so: Im Jahr 1902 hatte das Stahlwerk „Bochumer Verein" an einer Leistungsschau für die Industrie an Rhein und Ruhr teilgenommen. Die für die Düsseldorfer „Industrie- und Gewerbeausstellung" eigens im Stahlwerk gefertigte Ausstellungshalle war eine eindrucksvolle Konstruktion aus Stahlfachwerk, das mit Backstein ausgemauert war. Damals wie heute beeindruckte die Halle durch die elegante Verwendung des Baustoffs Stahl – und durch ihre eindrucksvollen Maße: 66 Meter lang, 20 Meter breit und 21 Meter hoch. Seinerzeit allerdings ließ man die moderne Konstruktion hinter Deko-Elementen im Stil der Neogotik verschwinden; der Zeitgeschmack wollte es so. Und dann baute man in Düsseldorf auch noch einen Glockenturm dazu – damit war der äußere Eindruck einer Kirche perfekt. Nach der Ausstellung wurde das Gebäude „recycelt": Die Jahrhunderthalle Bochum wurde zerlegt, in Bochum wieder zusammengesetzt und diente fortan als Gehäuse für die Gebläsemaschinen des Bochumer Stahlwerks – freilich ohne Fassaden-Firlefanz und Kirchturm. Dieses zweite Leben der Halle währte über siebzig Jahre. Bis in den 90er-Jahren – nach der Stahlwerkschließung – das dritte Leben begann: als Industriedenkmal.
Als Montagehalle für Kunst zeigt diese Kathedrale der Industrie heute wieder eindrucksvoll, wie leistungsfähig die Industrie des Ruhrgebiets einmal war. Dafür wurde sie ja schließlich einst gebaut. Aber diesmal steht sie an dem Ort, an dem sie einst entstand. Und Firlefanz außen – ohne den kommt sie sowieso aus.

2 Das zweitbeliebteste Kloster der Nordrhein-Westfalen: das „Sanssouci am Niederrhein", Kloster Kamp bei Kamp-Lintfort mit Barockgarten

Die beliebtesten Klöster

Kloster Kamp

Ob der Preußenkönig Friedrich der Große wirklich den Garten des niederrheinischen Klosters zum Vorbild nahm, bleibt ungeklärt. Fest aber steht, dass man Kloster Kamp nicht umsonst das „Sanssouci des Niederrheins" nennt. Denn sein Terrassengarten sieht dem Vorgarten des „Alten Fritz" tatsächlich ziemlich ähnlich – und entstand auch ein paar Jahre vor ihm. Das Kloster selbst, das sich stolz auf einer Anhöhe nahe des Ortes Kamp-Lintfort erhebt und heute als sehenswerte Barockanlage beeindruckt, ist sogar richtig alt. Es ist das älteste Zisterzienserkloster Deutschlands. Mönche aus Frankreich gründeten es schon im Jahr 1123. Kamp ist die Mutter von 14 Töchterklöstern, „Enkel" der Kloster-Fa-

11 Eine feste Burg Gottes – und auf Platz 11 der beliebtesten Klöster: die Abtei Königsmünster in Meschede

Top 15

Die beliebtesten Klöster

1. Kloster Corvey, Höxter
2. Kloster Kamp, Kamp-Lintfort
3. Salvatorianerkloster Steinfeld, Eifel
4. Abtei Mariawald, Eifel
5. Kloster Knechtsteden, Dormagen
6. Benediktinerabtei Gerleve, Coesfeld
7. Zisterzienserkloster Bochum-Stiepel
8. Kloster Dahlheim, Lichtenau
9. Abtei Michaelsberg, Siegburg
10. Abtei Marienmünster, Höxter OWL
11. Abtei Königsmünster, Meschede
12. Koptisches Kloster Brenkhausen, Höxter OWL
13. Kloster Gravenhorst, Münster
14. Abtei Varensell, Rietberg
15. Kloster Bentlage, Rheine

5 Kloster Knechtsteden bei Dormagen, ein traditionsreiches Kloster mit fast 900 Jahre alter Basilika, belegte Platz 5 der Klöster-Hitliste.

milie entstanden sogar im Baltikum. Jahrhundertelang beteten und arbeiteten die Kamper Mönche am Niederrhein und kultivierten als Selbstversorger Obstbäume und Weinreben, im Spätmittelalter war Kamp sogar das reichste Kloster des Ordens in Deutschland. Die heutige Kirche und die Klosteranlage stammen allerdings erst aus dem 17. Jahrhundert, da die alten Klostergebäude vor 500 Jahren zerstört wurden. Erst nach einem halben Jahrhundert Pause entstand auf den Ruinen wieder ein neues Kloster. Dessen Kirche hat nur ein kleines Glockentürmchen, wie es die strengen Zisterzienserregeln vorsehen. Aber Regeln hin oder her: Bei der Anlage des barocken Gartens 1740 hielt sich der Abt Franziskus Daniels nicht mit Kleinigkeiten auf. Zwar ließ der prunkliebende Geistliche einen Obst- und Gemüsegarten anlegen, dessen Früchte also im Kloster auf den Tisch kamen. Ansonsten aber regierte die neuste italienische und französische Mode. Und die schrieb ornamentale Buchsbaumhecken, Steinskulpturen und Wasserspiele vor. Zum Glück kann man all das heute wieder sehen, denn seit 20 Jahren ist der Garten nach alten Plänen wiederhergestellt und ist seitdem ein beliebtes Ausflugsziel für Menschen am Niederrhein und aus dem westlichen Ruhrgebiet.

Knechtsteden, Dormagen

Schön gelegen in der Natur zwischen Neuss und Köln erhebt sich das alte Kloster Knechtsteden bei Dormagen. Seit 1896 bereiten sich hier die Brüder vom Missionsorden der Spiritaner auf Auslandseinsätze im Dienst des Glau-

Märchenhafter Ort der Fantasie

Phantasialand, Brühl

Das Phantasialand ist der Klassiker unter den Ausflugszielen und Themenparks in Nordrhein-Westfalen – bereits seit 45 Jahren gibt es das Land der Fantasie. Atemberaubende und schnelle Fahrgeschäfte sind hier fantasievoll in ihre jeweilige Umgebung eingebettet. Die Themenwelten „Afrika", „Asien", „Mexiko", „Wilder Westen" und „Fantasy" sind die wichtigsten Bereiche. Wer's heimischer mag: Schon seit den Anfängen des Phantasialands ist eine Miniaturversion von Alt-Berlin im Programm. Und natürlich können Besucher sich auf verschiedenen Attraktionen den Fahrtwind um die Nase wehen lassen. Eines der neueren Highlights ist „Talocan" im nebligen Azteken-Ambiente: Während die riesige Schaukel mit den Sitzreihen ausschwingt, dreht sie sich um sich selbst – darunter gähnt ein Abgrund mit Wasserfontänen und Feuerzungen. Nass wird man auch auf zwei Wildwasser-Abenteuern. Ins tiefste Afrika entführt die Achterbahn „Black Mamba". Hier „hängen" die Fahrgäste in den Sitzen, denn die Schienen der Bahn sind oben. Aber es ist schwer, während der Fahrt unten und oben auseinanderzuhalten – oft dreht sich die Bahn nämlich um die eigene Achse, und das bei einer Geschwindigkeit von 80 Kilometern pro Stunde. Zum Glück ist vieles so ausgelegt, dass die ganze Familie etwas davon hat - auch beim Besuch mit kleinen Kindern. Zum Beispiel das 3D-Abenteuer „Mouse au Chocolat", bei dem nervige Nager in einer Konditorei mit Schokobällchen beschossen werden. Und wer zur Abwechslung einmal andere Menschen in Bewegung sehen möchte, ist bei der rasanten Akrobatikshow „Jump" richtig. Im Takt mitreißender Rhythmen werden hier alle gängigen Trendsportarten vorgestellt. Und die Trampolinspringer, Stilt-Jumper, BMX-Radler und Breakdancer wirbeln herum, dass es nur so eine Freude ist. Die Wege zwischen den Attraktionen sind kurz – das ist ein definitiver Vorteil des zweitältesten Freizeitparks in Nordrhein-Westfalen. Ein Nachteil ist, dass er so beliebt ist – denn so fällt die Wartezeit an manchen Attraktionen manchmal etwas länger aus.

Ein magischer Ort, und das nicht nur zu Weihnachten. Der Besuch im Phantasialand entführt in eine andere Welt.

Für einen Tag lang lassen sich hier große und kleine Gäste verzaubern.

bens vor. Aber das Kloster ist viel älter: Die ältesten Teile der romanischen Basilika stammen aus dem Hochmittelalter; mit ihrem Bau begann der Prämonstratenser-Orden nach der Klostergründung Mitte des 12. Jahrhunderts. Das altehrwürdige Gotteshaus bietet Mönchen und Besuchern nicht nur so manchen Augenschmaus wie das 800 Jahre alte Wandgemälde in der Westapsis, sondern auch eine Freude für die Ohren: Für Hörgenuss vom Feinsten sorgt die besondere Akustik im Kirchenraum, zum Beispiel bei einem der häufig in Knechtsteden stattfindenden Konzerte – jede gespielte

Rheinische Spezialität

Mutzenmandeln

An diesem gehaltvollen Gebäck labt sich der jecke Rheinländer zwischen Sitzung, Bützjer und Hoppeditzverbrennung. Auch zum Jahreswechsel im Rheinland gehören sie dazu – die Mutzenmandeln. Die fettigen kleinen Kugeln haben eine lange Tradition. Gebäck mit so feinen Zutaten, nämlich Mandeln, Butter und Vanille, war wirklich nur etwas für die ganz hohen Festtage. Und da gehört auch die rheinische fünfte Jahreszeit, der Karneval, unbedingt dazu. Im Grunde sind die Mutzenmandeln schnell gemacht, nur der Teig muss zwischendurch mal ein paar Minuten pausieren. Einfach alle Zutaten zu einem Mürbeteig verkneten – manche verfeinern ihn auch noch durch Zugabe von etwas Marzipanmasse oder einem Schuss Rum. In jedem Fall muss der Teig nach dem Kneten 10 Minuten ruhen, am besten im Kühlschrank. Danach den kalten Teigklumpen zu 1,5 cm dicken Würsten rollen und davon kleine Stücke abschneiden, die dann durch vorsichtiges Rollen in den Händen in die typische runde Mandelform gebracht werden. Für Leute, die es ganz exakt mögen, gibt es auch extra Ausstechformen. Die kleinen Kugeln in heißem Fett schwimmend ausbacken, auf Backpapier abtropfen und noch heiß mit Puder- oder Kristallzucker bestreuen oder darin wälzen. Einfach ein Gedicht!

Zutaten für Mutzenmandeln

60 g Butter
200 g Zucker
3 Eier
½ Zitrone, den Saft davon
500 g Mehl
1 Pck. Vanillezucker
2 TL Backpulver
3 EL Rum
125 g Mandeln, gemahlen
Fett zum Ausbacken
Zucker oder Puderzucker zum Bestreuen

Auf Platz 7 der Kloster-Hitliste: Kloster Stiepel bei Bochum. Ihr gesungenes Gotteslob brachte die Benediktiner in die Musik-Charts.

oder gesungene Note hallt sieben Sekunden lang nach. Das regelmäßig stattfindende Fest Alter Musik ist so ein ganz besonderer Anziehungspunkt in Knechtsteden. Denn die Ordensgemeinschaft der Spiritaner öffnet Kirche und Kloster und hat auch Teile davon schon untervermietet – der Nachwuchsmangel betrifft auch den Missionsorden. Die Spiritaner übernahmen die Klosteranlage Ende des 19. Jahrhunderts. Die Gebäude waren nach der Auflösung des ursprünglichen Prämonstratenserklosters im Jahre 1802 stark verfallen und mussten erst wieder instand gesetzt werden. Lange Zeit wurden in den handwerklichen Werkstätten von Knechtsteden die Missionars-Novizen ausgebildet. Denn in Brasilien oder den fernen Regionen Afrikas sollten sie nicht nur den christlichen Glauben predigen, sondern auch Kirchen, Häuser und Bauernhöfe bauen und betreiben können. Heute stehen die Werkstätten leer; nur noch 25 Patres und Brüder leben hier. Das Kloster aber bleibt ein einzigartiges Monument der Geschichte und des Glaubens in Nordrhein-Westfalen.

Zisterzienserkloster Bochum-Stiepel

Kloster sind Orte der Stille – aber nicht nur: Seit vielen Jahrhunderten schon singen die Mönche gemeinsam, um so dem Himmel näher zu sein. Und das tun auch die Zisterzienser in Bochum-Stiepel, dem jüngsten Ruhrgebietskloster. Einige Brüder aus dem 1988 gegründeten Kloster stürmten 2011 mit ihrem einstimmigen Gesang die Hitparaden – und haben damit zumindest den Chart-Himmel erstürmt. Die Idee zur Gregorianik-CD hatte der Abt von Kloster Heiligenkreuz bei Wien, der auch für das Bochumer Kloster zuständig ist. Bei der Aufnahme sangen die Heiligenkreuzer und die Stiepeler Brüder gemeinsam. So erreichen sie mit ihrem Gotteslob auch Menschen, die nicht von sich aus in die Kirche gehen. Doch zur Stiepeler Klosterkirche kommen die Gläubigen schon lange. Denn Stiepel ist ein Marienwallfahrtsort mit einer langen, ins 15. Jahrhundert zurückreichenden Tradition; die benachbarte Stiepeler Dorfkirche (sie ist jetzt evangelisch) ist sogar um die tausend Jahre alt. Es war Ruhrbischof Franz Hengsbach, der Ende der 80er-Jahre vier Brüder aus dem Kloster Heiligenkreuz bei Wien nach Bochum einlud, um das Stiepeler Kloster und die Marienverehrung wiederzubeleben. Denn die Marienverehrung spielt bei den Zisterziensern eine besondere Rolle. Schaut oder besser *hört* man sich die Wirkung an, die die Zisterzienser mit ihrem Gesang erreichen, kann man nur sagen, dass der Bischof da ein glückliches Händchen hatte. Heute kann man den frommen Brüdern nicht nur beim Gesang zuhören, sondern bei Einkehrtagen auch Ruhe und Stille finden.

Abtei Königsmünster, Meschede

Schon beeindruckend, diese moderne Gottesburg. Die Benediktinerabtei Königsmünster, südlich von Arnsberg im schönen Sauerland gelegen, wirkt überhaupt nicht gestrig. Im Gegenteil: Mit seiner wuchtigen Backsteinkirche aus der Nachkriegszeit steht das 1928 gegründete Benediktinerkloster ganz fest in der Gegenwart. Und die Mönche suchen durchaus den Kontakt zur Außenwelt. Getreu ihrer Regel „Bete und arbeite“ sind sie unter anderem in der Jugendarbeit und in der Erwachsenenbildung tätig und bieten psychologische Betreuung an. Und natürlich ist auch hier Klosterleben auf Zeit möglich, und zwar in einem echten architektonischen Schmuckstück, dem „Haus der Stille“. Der Architekt Peter Kulka, der den Ort für Einkehr und Besinnung entwarf, erhielt 2004 für den schlichten, aber schönen Bau den Architekturpreis Nordrhein-Westfalens. Aber von wegen „schlicht“: Dem Gebäude verhilft eine raffinierte Komposition aus Lichteinfall und Beton zu erstaunlicher Wirkung. Auch hilft der Blick aus den bodenlangen Fenstern in den Obstgarten des Klosters bei der Kontemplation. So kommen seit 2001 Menschen nach Meschede, die sich durch Stille wieder im Glauben verankern möchten. Fest verankert ist auch der Altar der Abteikirche: Er besteht aus einem kompletten und wuchtigen sauerländischen Stein, der so schwer ist, dass zuerst der Altar aufgestellt und dann die Kirche gebaut wurde.

Top 10

Die beliebtesten Karnevalssitzungen

1. Prunksitzung (Köln)
2. Stunksitzung (Köln)
3. Puppensitzung im Hänneschen-Theater (Köln)
4. Düsseldorf Helau: Prunksitzung des Comitees Düsseldorfer Carneval
5. Die Rosa Sitzung
6. Pink Punk Pantheon (Bonn)
7. Westfalen haut auf die Pauke! (Münster)
8. Geierabend (Dortmund)
9. Die Prinzenproklamation (Köln)
10. Der Orden wider den tierischen Ernst (Aachen)

„Düsseldorf Helau!" 4 Die Prunksitzung in der Landeshauptstadt ist auf Platz 4 der beliebtesten Karnevalssitzungen.

Die beliebtesten Karnevalssitzungen

Prunksitzung des Comitees Düsseldorfer Carneval

In unserer Landeshauptstadt Düsseldorf ist manches etwas anders als anderswo. Das gilt auch im Karneval, der rheinischen „fünften Jahreszeit". Hier heißt der Oberjeck zwar „Prinz Karneval" – aber seine Begleiterin nicht Prinzessin, sondern „Venetia". Doch Tradition verpflichtet. Und die lange Tradition des tollen Treibens im Dorf an der Düssel verwaltet das Comitee Düsseldorfer Carneval: Sonntags zieht „dä Zoch" über die Königsallee, beim Rosenmontagszug dann auch durch den Rest der Innenstadt, dienstags ist der närrische Zapfenstreich dran – und dann ist am Aschermittwoch, wenn der Hoppeditz zu Grabe getragen wird, auch schon wieder alles vorbei. Auch der Höhepunkt der drei tollen Tage, die Prunksitzung, geht auf die (Narren-)Kappe des Comitees. Längst ist sie auch ein Fernseh-

„Kölle Aloha!" Auf Platz 5 der beliebtesten Karnevalssitzungen: die Rosa Sitzung in Köln. Stets mit dabei: die Tanzgruppe „Rosa Funken"

Pflichttermin im jecksten Bundesland der Welt – und nicht nur dort: Regelmäßig schunkeln rund viereinhalb Millionen Zuschauer mit, wenn Karnevalsurgestein Stefan Kleinehr die große Prunksitzung des Comitees Düsseldorfer Carneval kongenial moderiert. Natürlich steht, neben Büttenreden, Ordensverleihung und Gesang, der opulent zelebrierte Auftritt der beiden Tollitäten, des Prinzen und der Venetia, im Mittelpunkt, die stets von den beiden Prinzengarden „Rot-Weiß" und „Blau-Weiß" begleitet werden. Das Comitee kann selbstbewusst in Richtung der Kölner Nachbarschaft blicken. Schließlich richtet sie seit langem eine der schönsten Sitzungen in Nordrhein-Westfalen aus. In puncto Tradition kann sie sowieso locker mithalten, denn die Dachorganisation des Düsseldorfer Karnevals existiert schon seit 1825 und ist damit etwa genau so alt wie die Konkurrenz in Köln.

Die Rosa Sitzung/Röschen-Sitzung, Köln

Seit 1995 hat das ohnehin bunte Treiben der Kölner Jecken durch die Farbe Rosa noch eine besonders närrische Schattierung dazubekommen. Fand doch in diesem Jahr die erste Rosa Sitzung statt. „Verkleiden und parodieren", dachte man sich in der schwul-lesbischen Kölner Szene, „das ist doch eigentlich unser Ding." So etablierten einige Schlüsselfiguren aus der Community, darunter auch Hella von Sinnen als wortgewaltige erste Sitzungspräsidentin, den schwul-lesbischen Karneval. Mit der fidelen Tanzgarde „Rosa Funken" und einem dreifachen „Kölle Aloha" auf den Lippen feierte die Szene von 1995 bis 2006 im Gloria-Palast und anderen Spielstätten. Schon im zweiten Jahr waren auch die WDR-Fernsehzuschauer dabei und sahen im Laufe der Jahre neben der Sitzungs-Hausband „Viva La Diva", wie in der Rosa Sitzung allerlei Szenegrößen und Schlagerstars zu Hochform aufliefen, darunter Mary Roos und „Boney M.". Zehn Jahre gab es Transen, Bützjer und wabernden Disconebel, dann gab es Probleme mit der Finanzierung, 2006 wurde die Rosa Sitzung eingestellt. Aber Unkraut vergeht nicht: Mit dem Ableger, der „Röschen-Sitzung", war aus der neuen Pflanze im Kölner „Fastelovend" längst ein vitaler Nachfolger gesprossen. Mit Unterstützung der „Schöckelgarde" sowie zahlreichen alten Hasen aus der Vorgänger-Veranstaltung wird im „Kulturbunker" in Köln-Mülheim schwul-lesbisch weitergeschunkelt – nicht ohne satirische Spitzen gegen das Kölner-Karneval-Establishment.

Westfalen haut auf die Pauke! (Münster)

Auch der gewöhnlich eher stille und ruhige Westfale kann Karneval – und wie! Zumindest im Münsterland ist die Karnevalstradition genauso jeck und genauso verwurzelt wie im Rheinland. Verantwortlich dafür, dass sich auch das beschauliche Münster zur fünften Jahreszeit in einen Hexenkessel verwandelt, ist der Bürgerausschuss Münsterscher Karneval, der wichtigste Karnevalsverein am Ort. Und dessen alljährliche Gala in der Halle Münsterland versammelt eindeutig die Höhepunkte des westfälischen Karnevals. Unter der Schirmherrschaft des Elferrats vom Bürgerausschuss treten Musiker, Karnevalsgruppen sowie Solisten aus der ganzen Region auf – und natürlich wird seiner Tollität gehuldigt, dem Münsteraner Prinz Karneval. Glanzlicht des vierstündigen Programms ist schon seit einigen Jahren der westfälische Landwirt in der Bütt: Heinrich Schulte-Brömmelkamp, der Bauer aus Kattenvenne, stets „landfein" gekleidet mit Hornbrille, blauem Arbeitskittel und speckigem Hut. Anschließend gibt's Rakete und Tusch! Auch die Mädels von der preisgekrönten Tanzsportgarde Harsewinkel begeistern von Jahr zu Jahr aufs Neue, und das nicht nur die 600 Zuschauer im Saal. Schon seit langem ist nicht nur das närrische Nordrhein-Westfalen, sondern sind etwa 1,1 Mio. Zuschauer am Fernsehgerät dabei, wenn es heißt: „Münster Helau!"

Top 15

Die beliebtesten Spektakel

1. Rheinischer Karneval
2. Kölner Lichter
3. CSD Köln, Cologne Pride
4. Cranger Kirmes, Herne-Crange
5. Schützenfest in Neuss
6. Liborifest
7. Warsteiner Montgolfiade
8. Rennrodel-Bobmeisterschaften Winterberg
9. Soester Allerheiligenkirmes
10. Wildpferdefang in Dülmen
11. CHIO in Aachen
12. Japantag Düsseldorf
13. Extraschicht – Nacht der Industriekultur
14. Ritterspiele auf Burg Satzvey
15. Römerfest Xanten

Top 15

Die beliebtesten Klöster

1. Kloster Corvey, Höxter
2. Kloster Kamp, Kamp-Lintfort
3. Salvatorianerkloster Steinfeld, Eifel
4. Abtei Mariawald, Eifel
5. Kloster Knechtsteden, Dormagen
6. Benediktinerabtei Gerleve, Coesfeld
7. Zisterzienserkloster Bochum-Stiepel
8. Kloster Dahlheim, Lichtenau
9. Abtei Michaelsberg, Siegburg
10. Abtei Marienmünster, Höxter OWL
11. Abtei Königsmünster, Meschede
12. Koptisches Kloster Brenkhausen, Höxter OWL
13. Kloster Gravenhorst, Münster
14. Abtei Varensell, Rietberg
15. Kloster Bentlage, Rheine

Von „laut" bis „leise"

Was los hier!

Die WDR-Zuschauer haben gewählt. Und zwar ihre liebsten Erlebnisorte – ob laut oder leise. Und wir stellen ein paar der besten Spektakel, der schönsten Karnevalssitzungen und der besinnlichsten Klöster vor. Und dann gibt es noch Orte, die sind sogar ein Erlebnis, wenn gar nichts passiert.

Top 15

Die besten Grusel-Orte

1. Externsteine Ostwestfalen
2. Die weiße Frau von Böddeken, Ostwestfalen
3. Drachenfels, Schloss Drachenburg, Siebengebirge
4. Hexenbürgermeisterhaus Lemgo Ostwestfalen
5. Werwolf-Wanderweg im Erftkreis
6. Venner Moor, Münsterland
7. Tropfsteinhöhle Attendorn, Sauerland
8. Das Junkerhaus in Lemgo, Ostwestfalen
9. Tecklenburger Land/Die Hexenküche von Tecklenburg
10. Das heilige Meer bei Hopsten, Münsterland
11. Melatenfriedhof Köln
12. Kluterthöhle Ennepetal, südliches Ruhrgebiet
13. Sankt-Liborius-Dom in Paderborn
14. Matronenhügel (Nettersheim)
15. Schwanenburg, Niederrhein

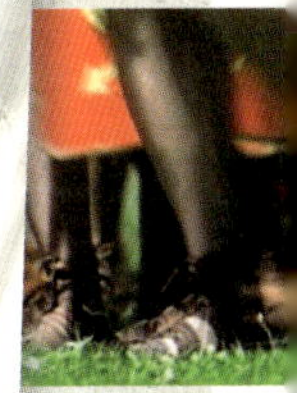

Top 10

Die beliebtesten Karnevalssitzungen

1. Prunksitzung (Köln)
2. Stunksitzung (Köln)
3. Puppensitzung im Hänneschen-Theater (Köln)
4. Düsseldorf Helau: Prunksitzung des Comitees Düsseldorfer Carneval
5. Die Rosa Sitzung
6. Pink Punk Pantheon (Bonn)
7. Westfalen haut auf die Pauke! (Münster)
8. Geierabend (Dortmund)
9. Die Prinzenproklamation (Köln)
10. Der Orden wider den tierischen Ernst (Aachen)

Industriecharme und mondänes Nachtleben

Rheinauhafen Köln

Eine spannende und ansprechende Mischung aus alter und neuer Architektur und von Wohnen, Kultur und Arbeiten ist im alten Kölner Hafengelände, dem Rheinauhafen, gelungen. Neben den alten Lagerhallen und Hafengebäuden des früheren Kölner Industriehafens entstand zwar schon in den frühen 90er-Jahren die süßeste Sehenswürdigkeit der Stadt, das moderne Schokoladenmuseum. Aber damit blieb die Entwicklung zum neuen Stadtviertel nicht stehen: Im Jahr 2011 wurden die Wahrzeichen des neuen Stadtviertels fertiggestellt: die sogenannten Kranhäuser, drei „umgeknickte" Hochhäuser, die in ihrer Form eines umgedrehten „L" an die Hafenkräne aus der industriellen Vergangenheit erinnern. Wirklich schicke Architektur mit Blick aufs Wasser – und das auch noch in bester Innenstadtlage. So wurde das frühere Industriegelände zu einem echten Filetstück. Aber nicht nur modernes Wahrzeichen, Wohn- und Arbeitsort soll er sein, auch als Standort der gehobenen Gastronomie ist der Rheinauhafen im Kommen. Apropos Gastronomie: Zuletzt eröffnete im September 2012 gleich neben dem Schokoladenmuseum ein weiterer Ort süßer Versuchungen. Nach Chicago, London, Macao, Cancún und Las Vegas hat nun auch Köln einen Playboy-Club. Tatsächlich ist das neue Bunny-Lokal das erste auf dem europäischen Festland. Playboy-Gründer Hugh Hefner hätte seine Freude dran, denn natürlich bedienen langbeinige Damen mit Hasenohren in knappen Korsagen. Aber neben dem Augenschmaus für die Herren wirbt der Club mit weiteren Genüssen. So können Clubgäste hier Zigarren paffen und sich im Clubrestaurant an ausgesuchten Köstlichkeiten laben. Auch Bar und Tanzsaal soll höchste Ansprüche befriedigen. Zwar kostet die Jahresmitgliedschaft im Playboy-Club schlappe 1500 Euro im Jahr, doch dafür wird der eigene Wagen stets durch livrierte Clubangestellte geparkt. Oder man nutzt gleich die Shuttle-Limousine des Clubs, die ist inklusive. Aber Veranstaltungen und Gastronomie sind auch für Nichtmitglieder zugänglich – bei freiem Eintritt.

Modern und schick: Die Kranhäuser erinnern mit ihrer Form an die alten Hafenkräne.

Einst Lagerhaus im Rheinauhafen, jetzt eine exklusive Wohnlage

Platz 8 der besten Grusel-Orte in NRW – und innen ziemlich bizarr: das Junkerhaus in Lemgo

Die besten Grusel-Orte in Nordrhein-Westfalen

Das Junkerhaus in Lemgo

Ein wenig unheimlich vielleicht, aber schließlich auch ein unheimlich sehenswerter Ort im Nordosten unseres Bundeslandes ist das Junkerhaus in Lemgo, die Schöpfung des eigenwilligen Künstlers Karl Junker (1850–1912). Schon von weitem sieht das Holzhaus aus wie aus einem Märchenbuch entsprungen – ein Hexenhäuschen? Auch innen sind alle Räume fast komplett mit Holz vertäfelt. Und im schummerigen Innenraum des Junkerhauses knarrt nicht nur der Dielenboden: Überall hat der Holzbildhauer Ornamente und Verzierungen herausgearbeitet, so dass der Blick kaum zur Ruhe kommt. Kaum eine gerade Linie ist an den Kanten der Stühle und Möbel zu entdecken – mal sind es organische, mal zackige Formen. Da kann's einen schon etwas gruseln – zumal man auch nicht recht weiß, ob man die große Geschicklichkeit und den Fleiß des Künstlers bewundern oder angesichts seiner offensichtlichen Besessenheit erschaudern soll. Über Junker selbst ist kaum etwas bekannt. Er lernte Tischler, wurde Holzbild-

Platz 11: Kölns Zentralfriedhof Melaten. In der Nähe befand sich einst eine Hinrichtungsstätte.

hauer und schließlich Maler. Nach Studienaufenthalten kehrte er mit Anfang dreißig nach Lemgo zurück und begann 1889 an seinem Gesamtkunstwerk, dem Junkerhaus, zu arbeiten – 20 Jahre lang. Der verschrobene Künstler lebte allein, und den Lemgoern war er definitiv unheimlich. Sonderling oder Genie? Vielleicht etwas von beidem; manche Kunsthistoriker sehen ihn als frühen Vorläufer des Expressionismus, andere eher als Vertreter der „Outsider Art". Aber egal, wie man es nennt – der seltsamen Wirkung der Räume in Junkers Hexenhäuschen kann sich niemand entziehen.

Melatenfriedhof Köln

Seit über 200 Jahren ist er Kölns größter Friedhof. Früher befand sich Kölns Hinrichtungsstätte hier. Ganz eindeutig ist das Gelände des Melatenfriedhofs ein Ort des Todes, und das schon sehr lange. Ein Hof namens „Melaten" existierte schon im 12. Jahrhundert an der Landstraße nach Aachen und Aussätzige wurden jahrhundertelang hierher verbannt. Und in der Nachbarschaft wurden Todesurteile vollstreckt, die Schöffen und Rat von Köln verhängt hatten – zum Beispiel an zwei Protestanten, die 1529 wegen ihres Glaubens verbrannt wurden. Auch während des Hexenwahns im 17. Jahrhundert loderten hier die Scheiterhaufen; über 30 Frauen und Mädchen wurden in Köln als angebliche Hexen hingerichtet. Mit den öffentlichen Hinrichtungen war erst 1797 Schluss, als es mit dem Kirchenräuber Peter Eick ein letztes Mal einen ganz besonders schlimmen Finger traf: Er starb hier am Galgen – vor einer großen Menschenmenge. Heute ist hier für einen Friedhof relativ viel los: Hinterbliebene pflegen Gräber, Kölner gehen spazieren, und gelegentlich sieht man auch Besuchergruppen. Denn ein so großer Friedhof hat schon ein besonderes Flair. Anlegen ließen ihn die Franzosen, da Kaiser Napoleon, der kurz zuvor die Rheinlande erobert hatte, verfügte, dass Verstorbene nur noch weit außerhalb der Städte bestattet werden durften. So entstand auf dem Gelände des ehemaligen Aussätzigen-Asyls Anfang des 19. Jahrhunderts der Kölner Zentralfriedhof. Nach dem Vorbild des Pariser Friedhofs Père Lachaise übrigens, dem Prominentenfriedhof in der französischen Hauptstadt. Und auch auf den 55000 Gräbern des Melatenfriedhofs befinden sich viele Namen von Kölner Prominenten, inklusive Willy Millowitsch und Dirk Bach. Und die Promi-Quote steigt, denn der Melatenfriedhof, immerhin 43 Hektar groß, ist offiziell „voll". Nur Mitglieder der zugehörigen Kirchengemeinden finden hier noch Platz – und verdiente Bürger Kölns. Für die Lebenden gibt es hier außer viel Grün und Grabsteinen noch etwas zu sehen. Eine alte Friedhofskapelle aus dem Mittelalter zum Beispiel. Sie gehörte früher zum Leprosenheim. Und für alle, die ganz tief in die Geschichte des Melatenfriedhofs eintauchen wollen: Diverse Führungen über den Friedhof sind zu buchen – Grusel im Preis inbegriffen.

Top 15

Die besten Grusel-Orte

1. Externsteine Ostwestfalen
2. Die weiße Frau von Böddeken, Ostwestfalen
3. Drachenfels, Schloss Drachenburg, Siebengebirge
4. Hexenbürgermeisterhaus Lemgo Ostwestfalen
5. Werwolf-Wanderweg im Erftkreis
6. Venner Moor, Münsterland
7. Tropfsteinhöhle Attendorn, Sauerland
8. Das Junkerhaus in Lemgo, Ostwestfalen
9. Tecklenburger Land/Die Hexenküche von Tecklenburg
10. Das heilige Meer bei Hopsten, Münsterland
11. Melatenfriedhof Köln
12. Kluterthöhle Ennepetal, südliches Ruhrgebiet
13. Sankt-Liborius-Dom in Paderborn
14. Matronenhügel (Nettersheim)
15. Schwanenburg, Niederrhein

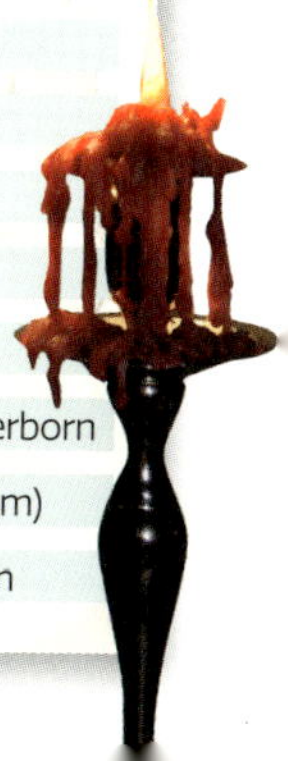

15 Grusel-Ort Nummer 15: die Schwanenburg im niederrheinischen Kleve. Jahrhundertelang spukte eine „weiße Frau" in dem Gemäuer.

Schwanenburg, Niederrhein

Auf der Schwanenburg spukt es – zumindest das Gerücht geistert schon seit langer Zeit durch das niederrheinische Kleve. In der Schwanenburg, dem Wahrzeichen der Stadt, soll sich gelegentlich der Geist der „weißen Frau" sehen lassen. Stolz thront die frühere Burg der Herzöge von Kleve auf einer Anhöhe über der Stadt an der niederländischen Grenze, und das wohl schon seit dem 11. Jahrhundert. Und wer ist die „weiße Frau von Kleve"? Der Legende nach ist es die unglückliche Frau des Schwanenritters, die schöne Beatrix, die einen mysteriösen fremden Ritter zum Mann nahm. Der war in einem von Schwänen gezogenen Boot just dann am Rheinufer aufgetaucht, als Beatrix' Vater gerade gestorben war, und versprach, sie zu schützen. Beatrix verliebte sich und heiratete den Ritter, der allerdings eine Bedingung stellte: Nie dürfe sie nach seinem Namen und nach seiner Herkunft fragen. Das ging auch lange gut, doch es kam, wie es kommen musste – irgendwann stellte sie die verbotenen Fragen doch und erfuhr, dass ihr Mann Elias hieß. Er sei ein Ritter des Heiligen Grals – und leider müsse er jetzt weg, denn sie habe ja die Abmachung gebrochen. Nicht lange nachdem der Ritter in einem Boot mit Schwan wieder entschwunden war, brach das Herz von Frau Beatrix. Aus Kummer über den Verlust, so heißt es, spukt ihre ruhelose Seele gelegentlich auf der Klever Burg. Jedenfalls gibt es schon seit 1695 überlieferte Berichte über eine plötzlich auftauchende „weiße Frau". Meist kündigte ihr Auftauchen Todesfälle an, aber sie soll auch einmal eine Magd so erschreckt haben, dass diese von der Burg floh; kurz danach legten feindliche Truppen alles in Schutt und Asche. Heutige Besucher Kleves mit schwachen Nerven können aber beruhigt sein: Der letzte Bericht über das Erscheinen der weißen Frau stammt aus dem 18. Jahrhundert. Doch auch heute noch ist die Atmosphäre an der Klever Schwanenburg mystisch – wenn nachts die Nebel aus den Rheinwiesen steigen.

Beliebtester NDW-Hit

Nena – „99 Luftballons"

Nein, nicht „irgendwie, irgendwo, irgendwann", sondern natürlich in Nordrhein-Westfalen wurde sie geboren – und zwar im Jahr 1960 in Hagen als Gabriele Susanne Kerner: die Sängerin Nena. Für die Jüngeren: Nena war so etwas wie die Lena der 80er-Jahre. Nur noch erfolgreicher. In Ledermini und Leoparden-Leggins stürmte sie mit dem Neue-Deutsche-Welle-Hit „99 Luftballons" im Jahr 1983 die deutschen und auch die US-Hitparaden; die deutschsprachige Version kam immerhin auf Nummer zwei der Billboard Charts. Als Nena ein Jahr später eine englische Version nachlegte, sorgte die dann in Großbritannien für Furore. Bei den Auftritten des deutschen Fräuleinwunders ging es zu wie heute bei Justin Bieber. Als Sängerin hatte Nena im heimischen Hagen angefangen. Nach dem Umzug nach West-Berlin und der Gründung der Band „Nena" nahmen Musiker von „Spliff" sie unter ihre Fittiche, erste Erfolge stellten sich ein. Nach einem Auftritt Nenas in der ARD-Fernsehsendung „Musikladen" ging ihre erste Single durch die Decke. Die zweite Single, der rockige Song von den unschuldigen 99 bunten Ballons, die einen verheerenden Krieg auslösen, passte in die Zeit der Diskussion um die Stationierung von Atomraketen in Deutschland. Kurioserweise wurde der deutsche Titel weitgehend ohne Promotion der Plattenfirma zum Erfolg in Amerika. Die Autorin Christiane F., bekannt durch das Drogen-Buch „Wir Kinder vom Bahnhof Zoo", drückte die Single in Kalifornien einem bekannten Radio-DJ in die Hand; der Rest ist Geschichte. Als 1984 die kurzlebige Neue Deutsche Welle ihren Höhepunkt erreichte, war Nena, bei ihren Auftritten stets von jugendlichen Fans umkreischt, mittendrin. Weitere Hits folgten mit der Single „Fragezeichen" vom gleichnamigen Album. Nach drei weiteren Alben, die weniger erfolgreich waren, löste sich die „Nena"-Band auf. Doch „Wunder gescheh'n" – schon bald meldete sich Frau Kerner solo zurück in den Hitparaden und war seitdem eigentlich nie weg.

Nena, das Fräuleinwunder aus Hagen, erreichte mit „99 Luftballons" Platz 2 in den US-Charts.

11

Platz 1 der größten Bauwerke: der Kölner Dom

WOHIN IN NRW?

Platz 13 der beliebtesten Ausflugsziele:
die Dülmener Wildpferdebahn

WOHIN IN NRW?

Der Möhnesee im südlichen Westfalen: Platz 15 der beliebtesten Ausflugsziele

WOHIN IN NRW?

Rheinland

Lippekreis

Westfalen

WOHIN IN NRW?

Das Beste: Ausflugsziele, Monumente und Museen

Vom Kölner Dom über Freilichtbühnen bis zur Museumsbahn – Nordrhein-Westfalen ist reich gesegnet mit spannenden und sehenswerten Orten. Aus den Lieblings-Ausflugszielen der Nordrhein-Westfalen präsentieren wir Ihnen ein paar Höhepunkte: den größten Nordrhein-Westfalen, den beliebtesten Zoo, Museen und Monumente aller Art, ein Urzeit-Museum, eine ewige Baustelle im Rheinland – und einiges mehr.

Die größten Bauwerke

Hermannsdenkmal

Er ist fast 27 Meter groß, und damit ist „unser Hermann" der größte Nordrhein-Westfale überhaupt. Und nicht nur das, denn das Hermannsdenkmal bei Detmold ist sogar die höchste Statue Deutschlands. Der kriegerische Ostwestfale auf dem Teutberg hat sich an seine grüne Umgebung im Teutoburger Wald angepasst und ist in der gleichen Farbe angelaufen. Mit seinem hochgereckten Schwert erinnert er an die Varusschlacht. Unter Führung eines Cheruskerfürsten namens Arminius – oder „Hermann" – schlug ein germanisches Aufgebot im Jahr 9 drei römische Legionen vernichtend. Damit war das Ende der römischen Eroberungspolitik im wilden Osten Germaniens eingeläutet. Im 19. Jahrhundert glaubte man, der Teutberg sei der Ort der Schlacht, und baute Hermann folglich hier als natio-

Hermann ist der Größte, aber das Hermannsdenkmal kam nur auf Platz 2 der größten Bauwerke in Nordrhein-Westfalen.

Top 20

Die größten Bauwerke

1. Kölner Dom
2. Hermannsdenkmal, Detmold
3. Zeche Zollverein, Essen
4. Aachener Dom
5. Schloss Drachenburg, Drachenfels
6. Römermuseum/Archäologischer Park Xanten
7. Union-Brauerei, Dortmund
8. Villa Hügel, Essen
9. Müngstener Brücke, zw. Remscheid und Solingen
10. Gasometer Oberhausen
11. Schloss Augustusburg, Brühl
12. Schiffshebewerk Henrichenburg
13. Schloss Nordkirchen (Coesfeld)
14. Zeche Zollern, Dortmund
15. Arena AufSchalke, Gelsenkirchen
16. Landschaftspark Duisburg-Nord
17. Burg Altena
18. Folkwang-Museum, Essen
19. Altenberger Dom
20. Jahrhunderthalle Bochum

Der Park an der Villa Hügel mit schönen alten Bäumen. Hier stehen Platanen, Mammutbäume und Zedern, die Krupp noch selbst pflanzte.

nales Denkmal in den Höhenzug des Teutoburger Waldes. Wer die 69 Treppenstufen zur Aussichtsplattform erklimmt, kann sich ruhig einmal erinnern, dass das monumentale Objekt das Lebenswerk des Architekten und Bildhauers Ernst von Bandel war. Im Jahr 1837 entwarf dieser den Koloss aus Kupferplatten. Im Innern sollten Stahlröhren dem Denkmal zur Standfestigkeit verhelfen – keine kleine Ingenieursleistung. Vor allem kostete der Bau Geld. Zwar fand von Bandel Sponsoren, doch schon 1846 ging ihm das Geld aus. Erst 1875 wurde das Denkmal fertiggestellt und feierlich eingeweiht – dann aber sogar im Beisein des deutschen Kaisers Wilhelms I. Zu Füßen Hermanns, vom Umgang oben auf dem 27 Meter hohen Sockel aus, bietet sich aus knapp über 400 Metern Höhe ein wunderbarer Blick über den Teutoburger Wald. Wer weiter hinausmöchte: Das Innere der Skulptur ist im Prinzip begehbar; allerdings ist die Zugangstür stets gut verschlossen. Nicht weil – wie Einheimische verbreiten – einmal jemand aus dem Nasenloch des Hermanns gefallen ist, sondern weil eine Kletterausrüstung notwendig ist, um sich durch die engen Röhren der Stützkonstruktion aufwärtszuzwängen. So ist das Innenleben des Hermanns leider nur für Wartungsarbeiten zugänglich.

Villa Hügel, Essen

Majestätisch thront sie auf der Anhöhe über dem Ruhrtal: die Villa Hügel, mächtiges „Stammschloss" der Essener Industriellenfamilie Krupp. Mit etwa 270 Räumen und mehr als 8000 Quadratmeter Fläche alles andere als ein kleines Einfamilienhaus. Der Bauherr war ja auch Stahlmagnat Alfred Krupp. Allerdings hatte der Großindustrielle beim Bau seiner Villa Ende des 19. Jahrhunderts mit zahlreichen Schwierigkeiten zu kämpfen und verschliss gleich mehrere Architekten, bis er das „Ding" endlich stehen hatte. Ursprünglich wollte er, dass sein Anwesen in nur einem halben Jahr hochgezogen wird, dann aber dauerte es doch anderthalb Jahre. 1873 zogen die Krupps dann schließlich in den Palast am südlichen Rand von Essen ein. Als mächtigster Industrieller im Deutschen Reich schmiss Alfred Krupp hier Bälle, bei denen sich hohe Beamte, Vertreter der Eisenbahnen und zahlreiche Militärs ein Stelldichein gaben. Auch Kaiser Wilhelm II. schaute mehrmals vorbei und wohnte in seiner eigenen, stets reservierten Suite, beim „Kanonenkönig" (denn Krupp belieferte das deutsche Heer mit Geschützen). Heute noch prunkt die Villa Hügel mit edlem Parkett, flämischen Wandbehängen, großflächigen Holzvertäfelungen und sehr viel Kunst in den hohen Räumen; allerdings waren es Alfreds Nachfolger, die das Interieur so kostbar erneuern ließen. Ursprünglich hatte Alfred Krupp bei der Einrichtung eher Wert auf schlichte Funktionalität und neueste Technik gelegt. Und vor allem auf Brandschutz: Holz war als Baumaterial auf Villa Hü-

Platz 8 der größten Bauwerke: die Villa Hügel in Essen. Unten ihr Bauherr, der Stahlmagnat Alfred Krupp

Das schönste Museum der Welt

Museum Folkwang

Natürlich gibt es viel mehr als nur drei gute Gründe, nach Essen zu pilgern. Aber mit dem Besuch im Museum Folkwang hat man schon mal drei davon beisammen. Denn gleich drei der beliebtesten Kunstwerke in unserem Bundesland hängen hier. Zu ihren Lieblingen wählten die Zuschauer der Hitlisten-Sendung: Paul Cézannes Ansicht eines sonnengetränkten Steinbruchs in Südfrankreich, „Der Steinbruch Bibémus" (1895), „Contes Barbares", Paul Gauguins ozeanisches Idyll mit zwei exotischen Schönheiten (1902), sowie Auguste Renoirs heiter-leuchtendes Porträt „Lise mit dem Sonnenschirm", entstanden 1868. Dabei sind die drei Werke der französischen Maler nur ein winziger Ausschnitt aus den reichhaltigen Schätzen des Museums Folkwang, das ein amerikanischer Kunstkritiker immerhin als „schönstes Museum der Welt" bezeichnete. So gehören zu dessen Sammlung auch Meisterwerke unter anderem von Vincent van Gogh, Max Liebermann, Paula Modersohn-Becker, August Macke, Ernst-Ludwig Kirchner, Emil Nolde – und, und, und. So ziemlich alle großen Namen der klassischen Moderne und der Kunst des 19. Jahrhunderts bis heute sind in der Sammlung vertreten, von Jackson Pollock bis hin zu Günther Uecker. Sicher ist da auch etwas für Sie dabei. Und wenn Sie weniger Malerei als vielmehr Skulpturen, Grafik oder Fotografie mögen, auch da hat das Folkwang eine fast unüberschaubare Vielfalt zu bieten. Denn ein Museum für alle sollte es sein, das war der Anspruch des Folkwang-Gründers, des Mäzens und Sammlers Karl-Ernst Osthaus. So erhielt das 1902 eröffnete Museum seinen Namen auch nach dem „Volksfeld", der Halle der nordischen Göttin Freya. Angenehm zurückhaltend, so dass die Kunst umso mehr wirken kann, so präsentiert sich das Museum heute. Nicht umsonst ist der neue, helle und freundliche Erweiterungsbau des britischen Stararchitekten David Chipperfield der ganze Stolz der Stadt Essen. So kann der Stern am Museumshimmel in Nordrhein-Westfalen seiner Bedeutung gemäß weiterstrahlen – in unser schönes Bundesland und weit darüber hinaus.

Mit viel Glas an der Fassade: der Folkwang-Erweiterungsbau des Stararchitekten David Chipperfield

Platz 12 der größten Bauwerke: das Schiffshebewerk Henrichenburg, sehenswert nicht nur für Technikfans

gel absolut tabu, da der Firmenchef Angst vor Bränden hatte. Heute finden hier Kunstausstellungen und Konzerte statt; schon seit den 50er-Jahren ist die Villa in der Obhut der Krupp-Stiftung. Wenn gerade keine Veranstaltung ansteht, ist ein Rundgang durch die riesigen Räumlichkeiten möglich – gegen Eintritt. Kostenlos hingegen ist der Blick vom Park mit altem Baumbestand auf den Baldeneysee. Übrigens eine Aussicht, die Villa-Erbauer Alfred Krupp nicht vergönnt war, entstand der Stausee doch erst Ende der 20er-Jahre.

Schiffshebewerk Henrichenburg

Ohne Zweifel ist es ein Wunderwerk der nordrhein-westfälischen Technikgeschichte und ein ehrfurchtgebietender Bau aus der Hoch-Zeit der Industriebauten. Darüber hinaus schaut das alte Schiffshebewerk Henrichenburg auch noch richtig gut aus! Monumental zwar, aber elegant flankieren zwei Säulen die Einfahrt in den Trog des „Schiffsaufzugs" von 1899. Dazwischen prangt an einer stählernen Brücke das Wappen der deutschen Kaiser, der schwarze Adler, denn seinerzeit war das Hebewerk ein Verkehrsprojekt von nationaler Bedeutung. Schließlich konnten mit dem Hebewerk erstmals Schiffe über den neu erbauten Dortmund-Ems-Kanal ins östliche Ruhrgebiet schippern – und so die dortigen Hüttenwerke mit importiertem Erz beliefern. Auf diese Weise wurde die Stahlindustrie des Ruhrgebiets noch leistungsfähiger. Heute ist das 1969 stillgelegte Schiffshebewerk das Herzstück des „Schleusenparks Waltrop" unweit von Dortmund – neben der historischen Schachtschleuse von 1914 und dem modernen Hebewerk aus den 60er-Jahren. In diesem Technikmuseum – als Teil des „LWL Industriemuseums" – werden Geschichte und Technik der Binnenschifffahrt präsentiert. Große und kleine Fans der Schifffahrt kommen hier also voll auf ihre Kosten: Beispielsweise können sie trockenen Fußes und staunend durch den riesigen Trog der Anlage spazieren – einst wurden hier Frachtschiffe von bis zu 800 Tonnen Gewicht gehoben. Funktionsfähige Schiffsmaschinen sind in der Maschinenhalle aufgebaut. Noch mehr faszinierende Schiffstechnik schwimmt im „Oberwasser", dem oberen Teil des Kanals direkt vor dem Tor des Hebewerks: Ein historischer Hafen mit Binnenschiffen und zugehörigen Verladeanlagen ist hier entstanden. Unter Deck im Motorgüterschiff „Christian" berichtet eine Ausstellung über den harten Alltag der Binnenschiffer des vorigen Jahrhunderts.

Imposante Einfahrt in den „Schiffsaufzug" aus der Kaiserzeit. Der technikbegeisterte Kaiser Wilhelm II. kam 1899 auch zur Eröffnung des Schiffshebewerks.

Im modernen Museum wird dank lebensechter Figuren und Multimedia-Präsentationen die Welt der Neanderthaler erlebbar.

Früher Einwohner Nordrhein-Westfalens: der „Homo neanderthalensis"

Geheim TIPP

Zeitreise in die Urgeschichte

Neanderthal-Museum

Schon vor 42000 Jahren lebten Menschen gern im heutigen Nordrhein-Westfalen – auch wenn man sie heute immer die „Vetter" von uns heutigen Menschen nennt. Doch die Verwandten aus dem Pleistozän waren uns sehr ähnlich. Bekannt wurden diese Urmenschen als „Neanderthaler", benannt nach einem Ort im Bergischen Land. Denn im Neandertal, einem Tal der Düssel bei Mettmann, fanden Kalksteinarbeiter im Jahr 1856 versteinerte Knochen der Hominiden-Spezies. Die Skelett-Teile belebten die Debatte um die neue Evolutionstheorie Charles Darwins beträchtlich. Heute ist das weltberühmt gewordene Tal schön grün und steht unter Naturschutz. Das hochmoderne Neanderthal-Museum informiert ausführlich und auf dem allerneuesten Stand der Museumstechnik, mit lebensechten Figuren und Multimedia-Präsentationen, über den urzeitlichen Bewohner des Tals. Übrigens war es ein steiniger Weg, bis der „Homo neanderthalensis" getaufte Urmensch als Verwandter des Menschen erkannt wurde. Zwar hatte der bergische Naturforscher Johann Carl Fuhlrott (1803–1870) das schon kurz nach dem Fund der Fossilien vermutet, aber die damalige Wissenschaft hielt diese Meinung lange für abwegig. So ging der exzessive Kalksteinabbau im Neandertal noch einige Jahrzehnte weiter – obwohl man doch weitere Knochen hätte finden können. In den letzten Jahren allerdings haben Forscher wieder Knochen im Neandertal ausgegraben und konnten auch endlich den Fundort des „Ur-Neanderthalers" rekonstruieren – als Außenbereich des Museums ist er heute zugänglich. Besonders spannend ist ein Besuch des Neanderthal-Museums für Kinder: In dessen „Steinzeitwerkstatt" basteln Kinder und Jugendliche nämlich unter Anleitung steinzeitliche Werkzeuge wie Knochennadeln, Feuersteinmesser oder Pfeil und Bogen.

Der Knochenfund im Neandertal 1856 stellte sich als Sensation heraus.

HOTEL

Die beliebtesten Ausflugsziele

Haus der Geschichte, Bonn

Nicht immer hängen historische und tatsächliche Größe zusammen. Und doch: In der Ausstellung im Bonner Haus der Geschichte sind sie die „Stars“ – Kanzler Adenauers schwarzglänzende Dienstlimousine, der sowjetische T-34-Panzer und der eindrucksvolle Eisenbahn-Salonwagen mit der Nummer 10 205, das rollende Dienstzimmer von gleich vier Bundeskanzlern. Allesamt Ausstellungsstücke, die beinahe den Rahmen eines Museums sprengen. Die deutsche Nachkriegsgeschichte wird mit diesen und vielen Hundert weiteren Exponaten im Bonner Geschichtsmuseum lebendig. Sicher hat seine Nähe zur Macht dazu beigetragen, dass das Haus der Geschichte auch ungewöhnliche Exponate im Bestand hat. Schließlich war es Bundeskanzler Kohl selbst, der das Museum im Bonner Regierungsviertel Ende der 80er-Jahre ins Leben rief. Mit dem ausdrücklichen Auftrag, die Geschichte und die Geschichten der Deutschen in Ost und West zu erzählen. So sind auch Gorbatschows Pullover und Kohls Strickjacke in der riesigen Sammlung des Museums vertreten, Parlamentsbänke aus dem alten Bonner Bundeshaus, Tütenlampen, Schallplatten und Wahlplakate – also Zeugnisse des Alltagslebens in Deutschland Ost und West. Am Anfang der Dauerausstellung stehen, ganz buchstäblich, die Trümmer des Kriegsendes von 1945. Nicht weit entfernt sieht der sowjetische Panzer immer noch bedrohlich aus – er erinnert an den gescheiterten Volksaufstand in der DDR vom Juni 1953. Ein paar unscheinbare graue Betonsteine künden von der Weltgeschichte; sie dienten 1961 zum Bau der Berliner Mauer. Und angesichts der original eingerichteten 50er-Jahre-Eisbar wird so mancher ältere Besucher wehmütig. An die Mobilisierung der Massen in Ost und West erinnern eindrucksvoll VW-Käfer, Piaggio-Roller und Co. – und nicht zu vergessen der DDR-„Trabi“. Lebendig wird auch die Ära von Jugendrevolte und Hippiebewe-

Das beliebteste Ausflugsziel der Nordrhein-Westfalen: der Kölner Dom. Monument der Gotik – und ewige Baustelle

6 Das Bonner Haus der Geschichte erreichte Platz 6 der beliebtesten Ausflugsziele.

gung durch VW-Bulli, Fender-Gitarre und Che-Guevara-Transparent, stilecht untermalt von einem Soundtrack aus Jimi Hendrix, Rolling Stones und Sprechchören von Demonstrationen. Auch außerhalb des Museums geht der Geschichtsunterricht am historischen Ort weiter; das ist schließlich der Standortvorteil von Nordrhein-Westfalens bestem Geschichtsmuseum. Denn die Orte, an denen Adenauer, Brandt, Kohl und Konsorten Politik machten, sind im Rahmen von Führungen zu besichtigen – darunter Palais Schaumburg, Kanzlerbungalow und Bundesratssaal.

Karl-May-Festspiele, Elspe

In den 70er-Jahren hatten hunderttausende Jungs aus Nordrhein-Westfalen und weit darüber hinaus nur ein Idol: Karl Mays edlen Wilden Winnetou. Und den verkörperte *er* wie keiner vor oder nach ihm: der französische Schauspieler Pierre Brice. Dank

Top 15

Die beliebtesten Ausflugsziele

1. Kölner Dom
2. Zoos in NRW
3. Zeche Zollverein, Essen
4. Schwebebahn, Wuppertal
5. Rothaarsteig
6. Haus der Geschichte, Bonn
7. Drachenfels, Königswinter
8. Düsseldorfer Altstadt/ Uferpromenade
9. Karl-May-Festspiele, Elspe, Sauerland
10. „100-Schlösser-Route", Münsterland
11. Archäologischer Park Xanten, Niederrhein
12. Hermannsdenkmal, bei Detmold, Teutoburger Wald
13. Dülmener Wildpferde
14. Museum Folkwang, Essen
15. Möhnesee, Ruhrgebiet (Kreis Soest)

Monument der Superlative

Kölner Dom

Er steht unverrückbar da, unbestreitbar das Symbol Kölns, allen Debatten zum Trotz UNESCO-Weltkulturerbe – und einfach der Größte. Unheimlich alt, unglaublich eindrucksvoll und ja – unfassbar groß: der Kölner Dom. Die Türme sind jeweils über 157 m Meter hoch, sein Gesamtgewicht beträgt um die 240000 Tonnen, sein Rauminhalt 407000 m³ , und bis zur Turmspitze steigt der Besucher 533 Stufen hinauf. Aber in bloße Worte oder Zahlen lässt sich die vielleicht schönste gotische Kirche der Welt nicht fassen. Und auch mit der handelsüblichen „Knipse" ist es schwierig: Ständig sieht man auf der Domplatte, wie Menschen aus aller Welt versuchen, den Dom in ihre Objektive zu zwängen. Zum nicht enden wollenden Amüsement der Kölner. Denn nach wie vor strömen die Besucher in die Domstadt: Mit rund 6 Millionen Besuchern im Jahr ist der Dom sogar die beliebteste Sehenswürdigkeit Deutschlands. Früher waren es christliche Pilger, die, angezogen von den Reliquien der Heiligen Drei Könige, in Scharen nach Köln kamen. Heutige „Touris" aber kommen eher wegen der weltberühmten Kathedrale selbst und wollen die Kunstschätze im Innern bestaunen. Und in ebenjenem Innern ist eindeutig der juwelenübersäte goldene Dreikönigenschrein der Höhepunkt – mittelalterliche Goldschmiedekunst in Vollendung. Aber ob die im Schrein befindlichen Gebeine wirklich die der legendären „Weisen aus dem Morgenland" sind, die dem Jesuskind huldigten? Das bleibt Glaubenssache, und das ist auch gut so. Jedenfalls sind diese Reliquien – sie wurden 1164 nach Köln gebracht – der Grund für nachhaltige Pilgerströme und auch für den Dombau. Ab Mitte des 13. Jahrhunderts wurde der alte Dom zu klein. „Nicht kleckern, klotzen", dachten sich die Kölner – und gingen daran, die größte Kathedrale der Christenheit zu bauen. Fertig wurden sie damit 632 Jahre später, nämlich im Jahr 1880; über 300 Jahre lang hatten die Arbeiten geruht. Bei der feierlichen Vollendung allerdings waren die Gerüste an den imposanten gotischen Türmen noch nicht ganz abgebaut. Und leider waren sie bald wieder zu sehen. Der Kölner Dom war und ist eine ewige Baustelle – heute setzt dem Sandstein des Doms der Steinfraß, verursacht von Luftverschmutzung und Taubendreck, schwer zu. Aber wie heißt es so schön im Kölner Karnevalsschlager? „M'r losse d'r Dom in Kölle"! Dafür sorgen Kölner Dombauverein, gegründet 1842, und die Steinmetze der Domhütte. Sie setzen sich für die Erhaltung ein: Die einen sammeln Spenden für die Baukosten, die anderen ersetzen in unermüdlicher Arbeit kaputtgegangene Steine. Auf dass der Dom der Stadt Köln und unserem schönen Bundesland noch ein paar Jahrhunderte erhalten bleibt.

Ein Gesamtkunstwerk: der Kölner Dom. Zwei von unzähligen Figuren an der Fassade

Nicht einfach, aber möglich: den Dom komplett aufs Bild zu kriegen

Pilgerstätte für Winnetou-Fans – und auf Platz 9 der beliebtesten Ausflugsziele: die Karl-May-Festspiele in Elspe

Winnetou, der „edle Wilde", kämpft stets für das Gute.

ihm wurde das sauerländische Örtchen Elspe ein Mekka der meist jugendlichen Wildwest-Fans. Denn die Macher der dortigen Karl-May-Festspiele, die zum ersten Mal 1958 stattfanden, verpflichteten 1976 den französischen Mimen, der in 12 Karl-May-Filmen den Blutsbruder Old Shatterhands gab. Die Anfänge des Spektakels auf der Elsper Freilichtbühne Ende der 50er-Jahre waren allerdings viel bescheidener: Bei der Ausstattung war vieles improvisiert, und zunächst agierten ausschließlich Laiendarsteller auf Ackergäulen als Westmänner, „Rothäute" und Schurken aus den Karl-May-Romanen. In den 70er-Jahren hielt mit zunehmendem Erfolg und im Fahrwasser der populären Verfilmungen mehr Professionalität Einzug – in Gestalt einer permanenten Westernstadt, mit Stuntmen und echten Filmstars. Heute sind bei jeder Inszenierung bis zu 40 Pferde und rund 80 Darsteller beteiligt; die Saison geht von Mitte Juni bis Ende August. Und auch abseits der kultigen Karl-May-Aufführungen sicherte sich die Elsper Freilichtbühne einen Platz in den Annalen deutscher Unterhaltung. Schließlich drehte 1993 der Komiker Helge Schneider, als „singende Herrentorte aus dem Ruhrgebiet" berühmt geworden, in Elspe seine dadaistische Western-Persiflage „Texas: Doc Snyder hält die Welt in Atem".

Spezialität vom Niederrhein

Panhas

Vom Niederrhein und aus Westfalen stammt diese Spezialität – und sie ist nicht für Vegetarier geeignet, stammt sie doch aus alten Zeiten, in denen einmal im Jahr das hauseigene Schweinchen geschlachtet wurde. Dabei wurde alles verwertet, was bei der Verarbeitung zu Schinken und Wurst anfiel. Auch die kräftige Brühe mit den Fleischresten, in der die Würste gekocht wurden. Mit Buchweizenmehl und dem Blut des Schweins wurde sie angedickt, gekocht – dann ließ man die Masse fest werden und lange stehen. Eklig? Vielleicht sieht solch ein dunkelbrauner Block Panhas auf den ersten Blick nicht so lecker aus. Er kann aber auf den ersten Biss lecker sein, brät man die in Scheiben geschnittene Verwandte der Blutwurst – denn eine solche ist es im Grunde – mit etwas Schmalz oder Öl herzhaft in der Pfanne an. Schwarzbrot passt dazu, ebenso wie Brat-, Stampf- oder Salzkartoffeln und Sauerkraut. Eine deftige Spezialität aus der alten Zeit eben. Wer Glück hat, findet es beim Metzger, andernfalls lässt sich Panhas aus Hackfleisch sowie Blut- und Leberwurststücken auch selbst machen.

Panhas-Rezept für 6 Personen

300 g Rinder-Hackfleisch, frisch
300 g Schweinemett
300 g Blutwurst
600 ml Brühe
200 g Buchweizenmehl
Pfeffer
Muskat
Piment

Die grob geschnittene Blut- und Leberwurst im Topf etwas anbraten. Dann mit Rinderhack und Schweinemett vermengen und mit Brühe aufgießen. 10 Minuten köcheln; die Gewürze dazugeben. Fünf Minuten weiterköcheln lassen und dann – unter Rühren – das Buchweizenmehl dazugeben. Die Masse in eine kalt ausgespülte Kastenform geben und 12 Tage abgedeckt kühl stellen. Anschließend in Scheiben schneiden und braten. Köstlich!

Deftige Kombination: gebratener Panhas mit Sauerkraut, Kartoffelpüree und Röstzwiebeln

Top 20
Die größten Bauwerke

1. Kölner Dom
2. Hermannsdenkmal, Detmold
3. Zeche Zollverein, Essen
4. Aachener Dom
5. Schloss Drachenburg, Drachenfels
6. Römermuseum/Archäologischer Park Xanten
7. Union-Brauerei, Dortmund
8. Villa Hügel, Essen
9. Müngstener Brücke, zw. Remscheid und Solingen
10. Gasometer Oberhausen
11. Schloss Augustusburg, Brühl
12. Schiffshebewerk Henrichenburg
13. Schloss Nordkirchen (Coesfeld)
14. Zeche Zollern, Dortmund
15. Arena AufSchalke, Gelsenkirchen
16. Landschaftspark Duisburg-Nord
17. Burg Altena
18. Folkwang-Museum, Essen
19. Altenberger Dom
20. Jahrhunderthalle Bochum

Schlösser, Zoos und Museen
Wohin in NRW?

Nordrhein-Westfalen ist voll von spannenden Ausflugszielen. Zusammen mit den WDR-Zuschauern sagen wir Ihnen, wo Sie hinmüssen. Aus den oberen Hitlisten-Plätzen stellen wir Ihnen eine Auswahl der besten Monumente und Erlebnisorte unseres Bundeslandes vor.

Top 15
Die beliebtesten Ausflugsziele

1. Kölner Dom
2. Zoos in NRW
3. Zeche Zollverein, Essen
4. Schwebebahn, Wuppertal
5. Rothaarsteig
6. Haus der Geschichte, Bonn
7. Drachenfels, Königswinter
8. Düsseldorfer Altstadt/ Uferpromenade
9. Karl-May-Festspiele, Elspe, Sauerland
10. „100-Schlösser-Route", Münsterland
11. Archäologischer Park Xanten, Niederrhein
12. Hermannsdenkmal, bei Detmold, Teutoburger Wald
13. Dülmener Wildpferde
14. Museum Folkwang, Essen
15. Möhnesee, Ruhrgebiet (Kreis Soest)

op 15
ie beliebtesten tädte

1. Münster
2. Monschau, Eifel
3. Paderborn
4. Soest
5. Lemgo
6. Detmold
7. Bonn
8. Bad Münstereifel
9. Aachen
10. Minden (Westfalen)
11. Warburg
12. Freudenberg
13. Blomberg
14. Düsseldorf
15. Köln

Top 15
Die beliebtesten Tierparks

1. Zoo Köln
2. ZOOM Erlebniswelt Gelsenkirchen
3. Allwetterzoo Münster
4. Duisburger Zoo
5. Wildgehege Hellenthal, Eifel
6. Wuppertaler Zoo
7. Aquazoo Düsseldorf
8. Wildwald Voßwinkel
9. Safaripark Stukenbrock
10. Anholter Bärenwald (Anholter Schweiz, nahe niederländische Grenze)
11. NaturZoo Rheine
12. Vogelwarte Marsberg, Essenthoer Mühle
13. TerraZoo Rheinberg
14. Vogelpark Heiligenkirchen
15. Bielefelder Tierpark Olderdissen

Top 15
Der beliebtesten Schlösser und Burgen

1. Schloss Nordkirchen, Münsterland
2. Burg Satzvey, Eifel
3. Schloss Drachenburg, Rheinland
4. Schloss Augustusburg & Falkenlust, Brühl
5. Schloss Burg, Bergisches Land
6. Schloss Benrath, Düsseldorf
7. Burg Monschau, Eifel
8. Schloss Dyck, Niederrhein
9. Burg Vischering, Münsterland
10. Schloss Moyland, Niederrhein
11. Burg Anholt, Niederrhein
12. Wewelsburg, Kreis Paderborn
13. Schloss Corvey, Ostwestfalen
14. Schloss Bensberg, Rheinland
15. Schloss Neuhaus, Ostwestfalen-Lippe

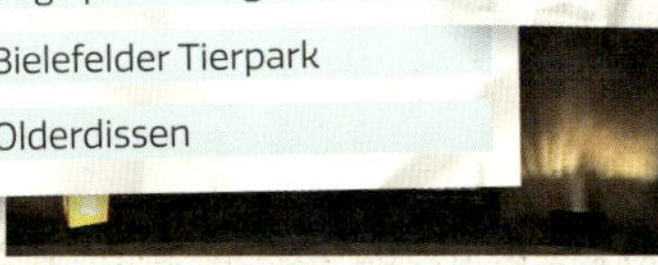

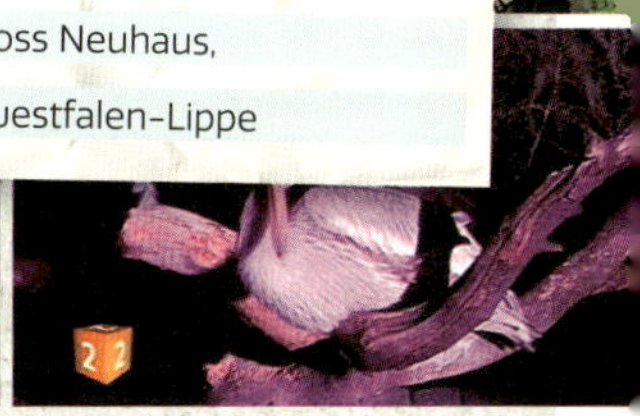

Die beliebtesten Städte

Paderborn

„Der Hasen und der Löffel drei, und doch hat jeder Hase zwei" – diesen Spruch kennt in Paderborn jedes Kind. Schließlich beschreibt er die wichtigste Sehenswürdigkeit in der Stadt an der Pader: das Dreihasenfenster. Na gut, vielleicht ist der alte Dom selbst noch wichtiger ... Seine ältesten Teile stammen ja immerhin aus dem 10. Jahrhundert. Aber das gotische Fenster mit den drei im Kreis angeordneten Nagern ist ein witziges Detail der Architektur des Doms und stammt auch schon aus dem 16. Jahrhundert. Der Clou dabei ist, dass die drei springenden Hasen im oberen Teil des Fensters so im Kreis angeordnet sind, dass sie sich die drei Hasenohren in der Mitte so „teilen", als hätte jeder Hase zwei „Löffel". Der Dom als Paderborns Hauptkirche spielt eine zentrale Rolle in der Stadt. Denn der Patron des Doms ist der Heilige Liborius, und dessen Namenstag, das „Liborifest", ist traditionell der Jahreshöhepunkt in Paderborn. Der Libori-Schrein wird bei einem großen Umzug durch den Dom und durch die Stadt getragen – von Trägern, die angeblich durch einen besonders untadeligen Lebenswandel aufgefallen sind. Neben dem Dom prägen eine ganze Reihe weiterer katholischer Kirchen das Stadtbild. Schließlich ist

Top 15

Die beliebtesten Städte

1. Münster
2. Monschau, Eifel
3. Paderborn
4. Soest
5. Lemgo
6. Detmold
7. Bonn
8. Bad Münstereifel
9. Aachen
10. Minden (Westfalen)
11. Warburg
12. Freudenberg
13. Blomberg
14. Düsseldorf
15. Köln

Auf Platz 3 der beliebtesten Städte in Nordrhein-Westfalen: Paderborn; hier der mittelalterliche Dom

Tempel der Kultur: das Landestheater Detmold. Die lippischen Fürsten begründeten einst die Theatertradition.

Das lippische Detmold erreichte Platz 6 der beliebtesten Städte. Sehenswert: das Freilichtmuseum

Paderborn schon seit den Tagen Karls des Großen Bischofssitz und war lange Hauptstadt des Hochstifts Paderborn, dem weltlichen Machtbereich der Fürstbischöfe. Zum Abschluss noch eine Frage an einen Promi aus der Region: Rüdiger Hoffmann, Sie stammen doch aus Paderborn. Wie sieht ein weltläufiger Westfale wie Sie seine ostwestfälische Heimat? „Ich will mal so sagen: Gott erschuf in seinem Zorn / Bielefeld und Paderborn."

Detmold

Völlig zu Recht gehört auch Detmold zu den Top Ten der schönsten Städte Nordrhein-Westfalens. Denn nicht nur ist Detmold heute Hauptstadt des gleichnamigen NRW-Regierungsbezirks, die kleine Großstadt hat auch eine große Vergangenheit. Und die prägt noch heute eindrucksvoll das

Geheim TIPP

Zugfahrt in die „gute alte Zeit"

Selfkantbahn

Eine Fahrt mit der Selfkantbahn ist ein Ausflugstipp nicht nur für „Pufferküsser" – also Leute, die sowieso auf Eisenbahnen und Züge abfahren. Sondern auch für Sie, wenn Sie einmal den Selfkant, die grüne und sagenumwobene Region südwestlich von Aachen an der Grenze zu den Niederlanden, für sich entdecken möchten. Schließlich hat in den letzten Jahren der Comedian und Autor Christian Macharski als Selfkanter Landwirt „Hastenraths Will" die westlichste Gemeinde Deutschlands in Gummistiefel, Mütze und Parka bekanntgemacht. Der Ausflug unter Dampf mit der historischen Schmalspurbahn beginnt im Geilenkirchener Ortsteil Gillrath, denn bis Anfang der 70er-Jahre gehörte die 5,5 Kilometer lange Strecke nach Schierwaldenrath zur Geilenkirchener Kreisbahn. Aber schon 1969 fanden sich Eisenbahnfreunde zur „Interessengemeinschaft Historischer Schienenverkehr" zusammen. Zwei Jahre später begann der Bahnbetrieb mit historischen Schienenfahrzeugen auf einem Teil der Strecke. Darunter sind zahlreiche alte Lokomotiven, beispielsweise die Dampflok mit der Nummer 19 aus dem Baujahr 1956. Gezogen von einem dieser alten Ungetüme rollt es sich im historischen Waggon mit Holzbänken durch weite grüne Felder. Die Fahrt endet in der kleinen Landgemeinde Schierwaldenrath; hier ist der westlichste Zipfel Deutschlands fast erreicht. Zur Begeisterung von Groß und Klein finden im Frühjahr, Sommer und Herbst sonntags regelmäßig Museumsfahrten statt. Sehr beliebt sind die Sonderfahrten, bei denen das leibliche Wohl nicht zu kurz kommt, wie die „Spargelfahrten" und die Frühstücks- und Kaffeefahrten. Und weil die Vereinsmitglieder, die die Selfkantbahn betreiben, besonders gern Kinderaugen leuchten sehen, bieten sie einmal im Jahr die „Teddybärenfahrt" an, eine kostenlose Fahrt für alle Kinder, die ein Kuscheltier dabeihaben – und vor Weihnachten Nikolausfahrten, bei denen der „heilige Mann" unterwegs zusteigt und Kindern und Erwachsenen Geschenke überreicht.

Ausflug unter Dampf: Mit der Selfkantbahn rollt es sich gemütlich durch die weiten Felder der westlichsten Region Nordrhein-Westfalens.

Stadtbild. Als ehemalige Hauptstadt des Fürstentums Lippe ist Detmold eine sehens- und liebenswerte Mini-Ausgabe einer großen Fürstenresidenz. Entsprechend ist Detmolds Highlight natürlich der Sitz der Fürstenfamilie zu Lippe: sein schickes, repräsentativ im Stil der Weserrenaissance gestaltetes Schloss. Ein Teil des Adelssitzes ist der Öffentlichkeit zugänglich. Nicht nur die fürstliche Architektur, auch die vom Adel stets geförderte Kultur hat die kleine Stadt nachhaltig geprägt: So ist das Landestheater Detmold weit über die Grenzen Westfalens bekannt, ebenso wie die renommierte Musikhochschule. Durch sie kommen sehr viele ausländische Studierende in die 72000-Einwohner-Stadt am Rande des Teutoburger Waldes – und mit ihnen kosmopolitisches Flair. Ganz bodenständig um Westfalens lange bäuerliche Vergangenheit geht es aber im riesigen Detmolder Freilichtmuseum: In dem 90 Hektar großen Areal stehen um die 100 Bauernhäuser, Scheunen, Ställe, Mühlen und Werkstätten, von denen viele aus anderen Teilen Westfalens hierher „verpflanzt" wurden. Zwischen Häusern spazieren Gänse herum, in Gehegen grunzen Bentheimer Schweine. So lebt der Alltag der einfachen Leute aus längst vergangenen Zeiten wieder auf. Also, das nächste Mal auf dem Weg zum Hermannsdenkmal nicht einfach so an Detmold vorbeifahren, sondern anhalten und anschauen!

Eine belebte Fußgängerzone, beschauliche Gassen – und jede Menge Fachwerk: Unbedingt sehenswert ist Detmolds Altstadt.

Der „alte Flecken“ kam auf Platz 12 der beliebtesten Städte: die historische Altstadt im siegerländischen Freudenstadt.

Freudenberg

Etwas östlich von Siegen, der „grünen Hauptstadt“ der Region, liegt das schöne alte Städtchen Freudenberg. Zwischen den einzeln stehenden Häusern, an denen sich Weinreben ranken, spaziert man durch hübsche, breite Gassen. Kaum zu glauben, dass die so schön bebaute Altstadt, der „Alte Flecken“, wie man ihn in Freudenberg nennt, das Resultat einer schrecklichen Feuersbrunst Mitte des 17. Jahrhunderts war. Tatsächlich ging die Stadt gleich zweimal, einmal im 16. und einmal im 17. Jahrhundert, in Flammen auf. Leider brannte dabei auch die alte Burg von Freudenberg ab. Nur ein altes Haus Freudenbergs und der Burgturm überstanden den Brand von 1666. Beim Wiederaufbau wurde der Burgturm zum Glockenturm der evangelischen Kirche umfunktioniert. Landesfürst Johann Moritz von Nassau-Siegen ging bei den Neubauten auf Nummer sicher: Um das Übergreifen von Feuer von Haus zu Haus zu erschweren, mussten die neuen Häuser in sicherem Abstand voneinander gebaut werden – daher ist zwischen ihnen so viel Platz. Heute ist das einzigartige Fachwerk-Ensemble aus 86 Häusern komplett denkmalgeschützt, als nordrhein-westfälisches „Baudenkmal von internationaler Bedeutung.“

Top 15

Die beliebtesten Tierparks

1. Zoo Köln
2. ZOOM Erlebniswelt Gelsenkirchen
3. Allwetterzoo Münster
4. Duisburger Zoo
5. Wildgehege Hellenthal, Eifel
6. Wuppertaler Zoo
7. Aquazoo Düsseldorf
8. Wildwald Voßwinkel
9. Safaripark Stukenbrock
10. Anholter Bärenwald (Anholter Schweiz, nahe niederländische Grenze)
11. NaturZoo Rheine
12. Vogelwarte Marsberg, Essenthoer Mühle
13. TerraZoo Rheinberg
14. Vogelpark Heiligenkirchen
15. Bielefelder Tierpark Olderdissen

Das Zuhause einer Elefantenherde mit reichlich Nachwuchs – und eine Hauptattraktion im Kölner Zoo: der Elefantenpark

Die beliebtesten Tierparks

Kölner Zoo

Wir sind am Rheinufer in Köln-Riehl – und auf Besuch bei Marlar, Rajendra, Bindu und Co. Denn die Elefanten sind die Stars im Kölner Zoo, dem beliebtesten Zoo Nordrhein-Westfalens übrigens, dem tierliebsten Bundesland der Welt, in dem es elf wissenschaftlich geführte Zoos gibt. Die Zuschauer der WDR-Hitlisten-Sendung haben sich mit dem Kölner Zoo für den drittältesten Deutschlands entschieden. Auch hier geht der Trend schon seit einigen Jahren weg von engen Käfigen, hin zum großzügigen Gehege und zu naturnaher Tierhaltung. Und die Attraktion ist sicher der 2004 eröffnete Elefantenpark. Mit einer Gesamtfläche von zwei Hektar ist die Anlage wirklich großzügig gestaltet. Die 15 Dickhäuter sind in den Gehegen unter sich; die Pfleger stören nicht, die Tore werden per Fernsteuerung geöffnet und geschlossen. In Köln ist sogar die Haltung von Elefantenbullen möglich – ansonsten könnten, wenn Bindu und Sang Raja brunftig sind, die mächtigen Tiere auch für Vertraute und Bezugspersonen gefährlich werden. Zum Glück hat es in Köln gleich mehrfach mit dem Elefantennachwuchs geklappt: die Elefantenkühe Tong Koon und Shu Thu Zar brachten 2011 den kleinen Bullen Rajendra und im Sommer 2012 die kleine Bindi zur Welt. Possierlich, wie die kleinen Elefan-

Der Kölner Zoo, Tierpark Nummer eins im mit elf Zoos tierliebsten Bundesland Nordrhein-Westfalen

Hitlisten-Platz 2: In der „ZOOM Erlebniswelt" in Gelsenkirchen kann der Besucher auf mehreren „Kontinenten" Tiere entdecken.

ten-Mädchen und -Jungen spielen und immer wieder von ihren Müttern und Tanten „berüsselt" werden. Aber wir müssen weiter, schließlich gibt es noch mehr zu sehen: Zum Beispiel das naturnahe Flusspferdgehege „Hippo-Dom". Dort begegnen wir nicht nur den Flusspferden, sondern auch einer ganzen Reihe anderer Tiere, die in den tropischen Flusslandschaften Afrikas wohnen, wie Krokodilen und Antilopen. In der ebenfalls hochmodernen Urwaldhalle „Regenwald" fand ein Teil der reichhaltigen Tier- und Pflanzenwelt aus den feuchtwarmen Wäldern Asiens ein kuscheliges Zuhause am Rhein. Im Kölner Zoo sind über 700 Tierarten aus allen Kontinenten vertreten, insgesamt 10.000 Tiere. Neben den großen Tieren faszinieren in Köln aber gerade auch die „kleinen großen Stars": Die putzige Erdmännchenkolonie ist seit einigen Jahren Kult, denn Pfleger benannten einige der possierlichen afrikanischen Kleinraubtiere nach Bob Marley, Robbie Williams oder der Girl-Group „No Angels".

ZOOM Erlebniswelt Gelsenkirchen

Nur wer ganz aufmerksam zum Horizont späht, erkennt in der Ferne einen Zechenturm oder Schornstein. Ansonsten ist hier, mitten im „Pott", Exotik angesagt. Früher hieß dieser Ort mal „Ruhr-Zoo Gelsenkirchen“, aber seit 2005 ist alles anders: „ZOOM Erlebniswelt“ ist der neue Name – und der ist Programm: An nur einem Tag sind drei ferne Kontinente zu erleben. Denn in Gelsenkirchen wurde das Konzept des klassischen Zoos – Tiere in Käfigen oder eingezäunten Gehegen – aufgegeben, wo immer es möglich war. Besucher und Gruppen bewegen sich durch verschiedene „Erlebniswelten“, das heißt: durch Landschaften mit Tieren. An einigen Stellen muss man ins Boot steigen, um die „Kontinente“ genannten Inseln „Asien“, „Afrika“ und „Alaska“ zu erreichen. Auf der riesigen Spielwiese Afrika lebt in zwei Savannenlandschaften das zusammen, was sich auch in freier Wildbahn begegnet: Hyänen, Giraffen, Antilopen, Marabus und andere afrikanische Arten. Die „Chefs“ der Savanne allerdings, die Löwen, sind so untergebracht, dass ihre Beutetiere Ruhe haben. Noch eine afrikanische Attraktion ist die „Lemuren-Insel“. Hier siedelt die kleine Affenart mit den großen Augen – bekannt aus dem Animationsfilm *Madagascar.* Auf dem Nachbar-„Kontinent“ Alaska präsentiert sich die Tierwelt des amerikanischen hohen Nordens – und natürlich sind auch in Gelsenkirchen die Eisbären die Stars. Die zwergwüchsige Eisbärin Antonia entzückt durch einen besonders hohen Niedlichkeitsfaktor. Beim Schwimmen beobachten kann man die Bären durch eine gläserne Wand im Wasserbecken. Andere Schwimmkünstler sind aber noch spektakulärer in Szene gesetzt: die Seelöwen. In einem verglasten, 15 Meter langen Unterwassertunnel sehen Besucher den wendigen Wasser-Raubtieren beim Tauchen und Jagen zu. Affenhitze? Nein, schön warm ist es in der riesigen Glashalle, dem Herzstück der Erlebniswelt „Asien“: zwei Orang-Utan-Gruppen leben hier in getrennten Arealen – aber auch Schweinsaffen, Trampeltiere, Schönhörnchen und viele andere. Wen es nach so viel Exotik in unsere schöne Heimat zurückzieht: Der „Grimberger Hof“ zeigt dem Stadtmenschen die heimischen Nutztiere aus der Nähe – untergebracht in westfälischen Fachwerkhäusern. Beim Besuch mit Kindern ist der Besuch hier sowieso ein „Muss“: Natürlich ist Anfassen im Streichelzoo ausdrücklich erlaubt!

Auge in Auge: das Wasserbecken der Eisbären mit gläserner Wand

Duisburger Zoo

Zoobesuch einmal andersherum: Im Duisburger Zoo kann es Ihnen passieren, dass Sie auf Elefantendame Daisy treffen

Nordrhein-Westfalens größte Burg

Schloss Burg

Stolz thront die mächtige Burganlage über der Stadt Solingen und ist heute eins der beliebten Ausflugsziele in Nordrhein-Westfalen. Zu Recht, denn auf der größten rekonstruierten Burganlage des Landes ist immer was los: Im Sommer prallen hier bei Ritterspielen Schwerter und Lanzen aufeinander, rund ums Jahr finden farbenprächtige Märkte und andere historische Spektakel statt. Bespielt werden auch die wiederhergestellten historischen Räumlichkeiten wie Rittersaal, Kemenate oder Ahnengalerie – und wer sich traut, kann sich in der Kapelle das Ja-Wort geben. Bereits seit über hundert Jahren ist das Bergische Museum hier zu Hause. Anhand von Schlossmodellen und historischen Objekten erzählt es am Originalschauplatz die Geschichte der Erbauer der Burg, der Grafen von Berg. Denn schließlich war das um 1133 errichtete Schloss Burg der Stammsitz der Adelsfamilie. Im Mittelalter hieß die Festung auch noch nicht Schloss Burg, sondern „Neuenberge", war sie doch die Nachfolgerin des „Burg Berge" genannten ersten Zuhauses des Grafengeschlechts. Doch die Burg bei Odenthal war den Grafen im 12. Jahrhundert zu klein geworden – eine neue, größere Burg musste her; so entstand die Festung über dem Tal der Wupper. Schließlich hatten die bergischen Grafen ihr Herrschaftsgebiet erfolgreich ausgeweitet; bald erstreckte sich das „Bergische Land" sogar bis an den Niederrhein. Und aus den Grafen wurden die Herzöge von Berg, die Ende des 14. Jahrhunderts von Solingen in ihre neue Residenzstadt Düsseldorf zogen. Aber als Jagdschloss und wenn es etwas zu feiern gab, nutzten sie ihre alte Burg weiter. Zum Beispiel bei der großen Hochzeit der Herzogstochter Maria von Jülich-Berg mit Johann von Kleve im Jahr 1509. Extra dafür waren Teile der Anlage modern ausgebaut worden, aber trotzdem sah das Ganze immer noch mittelalterlich-wehrhaft aus. So setzte sich allmählich der Name „Schloss Burg" durch. Die Frage, die sich angesichts des Namens „Schloss Burg" stellt – nämlich: Schloss oder Burg? – lässt sich damit beantworten: Beides!

Jahrhundertelang die Residenz der Grafen von Berg: Schloss Burg, hoch über dem Tal der Wupper gelegen

Heute finden auf Schloss Burg rund ums Jahr Spektakel statt.

Wahrzeichen Delphin: Im Duisburger Zoo, auf Platz 4 der beliebtesten Tierparks, sind diese Tümmler die Stars.

– und zwar außerhalb ihres Geheges, denn sie geht täglich mit ihrem Pfleger spazieren. Und bei dieser Gelegenheit schaut sie sich gern mal die Zoobesucher aus der Nähe an. Aber keine Angst: Anders als die anderen Elefanten in Duisburg, die in ihren Gehegen bleiben, ist Daisy ein „Zirkuskind“: Als ehemaliger Zirkuselefant braucht und mag sie den Kontakt zu Menschen. Das zooeigene Delphinarium ist das eigentliche Highlight des Zoos. Schon seit 1965 hält der Zoo am Kaiserberg die intelligenten Meeressäuger und war seinerzeit sogar der erste mitteleuropäische Zoo mit einem Tümmlerbecken. Dessen aktuelle Besetzung besteht unter anderem aus Ivo, Pepina, Delphi und einer Delphindame namens Daisy. Austoben können sich die insgesamt neun Großen Tümmler in einer ausgedehnten Wasserlandschaft aus mehreren Becken, die insgesamt 3 Millionen Liter Seewasser enthalten. Die Zahl des Delphin-Nachwuchses in Duisburg spricht dafür, dass sich die Tiere in Duisburg wohlfühlen. Im Spätsommer 2011 kam es zu einer kleinen Sensation: Gleich drei Delphin-Babys, nämlich Diego, Dörte und Darwin, kamen fast gleichzeitig zur Welt. Und warum noch nach Australien reisen? Beuteltiere findet man doch auch in Duisburg – und nicht zu knapp. Die Koalazucht in Duisburg ist seit 1994 erfolgreich, mittlerweile sogar führend in Europa. Dabei ist die Haltung aufwendig: Die Eukalyptus-Zweige, an denen die Koalas ausschließlich knabbern, werden in mehreren Arten im Zoo selbst angebaut bzw. müssen außerhalb der „Saison“ aus einer speziellen Plantage aus den USA eingeflogen werden.

Schloss Augustusburg bei Brühl: ein nordrhein-westfälisches Weltkulturerbe – und auf Platz 4 unserer Schlösser-Hitliste

Falkenlust: Erbaut als Jagdschloss und Rückzugsort des Kurfürsten.

Schlösser Augustusburg und Falkenlust, Brühl

Es ist ein barockes Kleinod, doch „klein" ist es keineswegs. Ein überragendes Gesamtkunstwerk aus barocker Architektur und Gartenkunst – das ist Schloss Augustusburg bei Brühl. Seit 1984 ist die eindrucksvolle Anlage inklusive Schlosspark UNESCO-Weltkulturerbe. Entstanden ist es als Sommerschlösschen des bayerischen Kurfürsten und Kölner Erzbischofs Clemens August. Es war ein würdiger Einstand des Erzbischofs, der als einer der prunkliebendsten deutschen Fürsten in die Geschichte einging. Der kunstsinnige Mäzen beauftragte den westfälischen Architekten Johann Conrad Schlaun mit der Planung, den Hofbaumeister François de Cuivilliés mit der Innengestaltung. Gleich beim Durchschreiten des Schlossportals erreicht der Besucher den Höhepunkt der Augenlust: Das überwältigende Treppenhaus ist ein Traum aus Marmor, Stuckornamenten und Vergoldungen – ein Meisterwerk von Balthasar Neumann. Eine zweiläufige Treppenanlage mit filigranem Geländer schwingt sich ins Obergeschoss, gestützt von eleganten Säulen. Dort, in den Paradezimmern, die nicht weniger reich und geschmackvoll ausgestattet waren, hielt Clemens August Hof. Immer nur das Beste vom Besten: So hatte es der prunkliebende Erzbischof gern, der sich in seiner Hofhaltung an Versailles orientierte. Als Rückzugsort vom anstrengenden Hofleben hatte sich Clemens August neben der Residenz noch ein „privates" Lusthaus in Brühl bauen lassen: das Jagdschloss Falkenlust, ebenfalls ein Juwel der Rokoko-Baukunst. Das Treppenhaus ist passend in Weiß-Blau gekachelt, schließlich kam der Kirchenfürst aus bester bayerischer Familie. Darüber schwebt ein Deckenfresko mit Jagdszenen, denn seine Exzellenz liebte die Falkenjagd. Von der kleinen Aussichtsplattform auf dem Dach beobachtete er seine abgerichteten Falken beim Schlagen der Beute. Umgeben sind die beiden Schlösser von einer weitläufigen Parkanlage, in der Nachbarschaft des Schlosses ist gar die geometrisch-barocke französische Gartenkunst aus der Zeit Clemens Augusts wunderbar wiederhergestellt.

Schloss Benrath, Düsseldorf

Als würde Kurfürst Karl Theodor jederzeit durch die Tür treten, so steht Schloss Benrath inmitten eines weitläufigen Parks bei Düsseldorf, anmutig und doch hoheitsvoll. Erbauen ließ es der kunstsinnige pfälzische Kurfürst Karl Theodor. Der beschloss Mitte des 18. Jahrhunderts, nicht nur seine Hauptresidenzen Mannheim und Schwetzingen auszubauen. Weil er nämlich außerdem Herzog von Jülich-Berg war, ließ er in der Nähe seiner „Zweit-Hauptstadt" Düsseldorf dieses elegante „Lusthaus" nach französischem Vorbild anlegen. Schloss Benrath diente als Sommerresidenz und als Jagdschloss. Vor allem beeindruckt es als harmonisches Gesamtkunstwerk aus Gartenkunst und eleganter Architektur am Übergang vom Barock zu Rokoko und Klassizismus. Das Schloss im Zentrum der

Top 15

Der beliebtesten Schlösser und Burgen

1. Schloss Nordkirchen, Münsterland
2. Burg Satzvey, Eifel
3. Schloss Drachenburg, Rheinland
4. Schloss Augustusburg & Falkenlust, Brühl
5. Schloss Burg, Bergisches Land
6. Schloss Benrath, Düsseldorf
7. Burg Monschau, Eifel
8. Schloss Dyck, Niederrhein
9. Burg Vischering, Münsterland
10. Schloss Moyland, Niederrhein
11. Burg Anholt, Niederrhein
12. Wewelsburg, Kreis Paderborn
13. Schloss Corvey, Ostwestfalen
14. Schloss Bensberg, Rheinland
15. Schloss Neuhaus, Ostwestfalen-Lippe

Auch Napoleon war hier gern zu Gast.
Auf Platz 6 der beliebtesten Schlösser und Burgen: Schloss Benrath bei Düsseldorf

geometrisch gestalteten Parkanlage ist eine architektonische Kostbarkeit ersten Ranges. Neben seinen ausgewogenen Proportionen fasziniert auch die prunkvolle Innenausstattung: edle Parkettböden, seidenbespannte Wände, allegorische Decken- und Wandmalereien – und natürlich jede Menge Stuck. So gilt das großteils original erhaltene Schloss nicht umsonst als eines der schönsten Gartenschlösser der Zeit. Die Stadt Düsseldorf, in deren Obhut sich Schloss Benrath heute befindet, hat es vor kurzem für das UNESCO-Weltkulturerbe vorgeschlagen. Ironie der Geschichte: Kurz nach Fertigstellung des Sommerschlosses wurde Karl Theodor auch Kurfürst von Bayern – und musste seine Residenz verlegen: ins ferne München. Sein schickes Schloss Benrath nutzte er nie. Aber viele, die nach ihm kamen, liebten es: Der französische Kaiser Napoleon wohnte bei seinem Düsseldorf-Besuch im November 1811 einige Tage hier, außerdem wohnten hier Napoleons Schwager und später ein preußischer Prinz. Heute ist im Ostflü-

Mehr als nur sieben Berge

Drachenfels und Siebengebirge

Nicht sieben, sondern um die 50 Gipfel vulkanischen Ursprungs gehören zum Siebengebirge, das seinen Namen wohl vom Dialektwort „Siefen", also seinen feuchten, oft nebelverhangenen Tälern, hat. Und schön ist es hier, auch abseits des Drachenfels. Denn das ist natürlich sein bekanntester Gipfel. Wegen des großartigen Panoramablicks ins Rheintal ist der Berg gegenüber von Bonn schon seit fast 200 Jahren ein beliebtes Ausflugsziel. Schuld daran ist ein Engländer: Kein Geringerer als Lord Byron besang nach einer Deutschlandreise 1816 den „burgbekrönten Drachenfels". Wenig später, 1820, kraxelte auch sein deutscher Kollege Heinrich Heine, seinerzeit Student in Bonn, auf den 320 Meter hohen Gipfel, mit ein paar Flaschen Rheinwein im Ranzen; nachzulesen ist das in seinem Gedicht „Die Nacht auf dem Drachenfels". Denn die Romantiker liebten ein „dramatisches" Gebirgspanorama – möglichst noch mit Burgruine obendrauf; da passten Drachenfels und die zerklüftete Felsenlandschaft des Siebengebirges voll ins Bild. Doch die Literaten auf Tour durch das „wilde" Rheintal bildeten nur die Vorhut. Bald wurde der Aufstieg zum Drachenfels zum Pflichtprogramm des aufkommenden Massentourismus. Und dann legte ein Komponist, Richard Wagner, mit seiner Opernversion der Siegfried-Sage sogar noch einmal nach: Galt doch der Drachenfels als der Ort, an dem Siegfried den Tatzelwurm erschlug. Aus der Zeit, in der der romantische „Hype" um den Drachenfels den Höhepunkt erreichte, stammt auch Schloss Drachenburg. Das „rheinische Neuschwanstein", einst als Domizil eines Gründerzeit-Börsengurus erbaut, wurde in den letzten Jahren saniert und ist nun als sehenswertes Museum zur Wohnkultur jener Zeit zugänglich. Früher wie heute ist der steile Aufstieg zu Schloss und Gipfel von Königswinter über enge Haarnadelkurven eher etwas für fitte Wanderer. Entsprechend beliebt war bei kurzatmigen Ausflüglern lange Zeit die vierbeinige Alternative – das „Eseltaxi". Und das, obwohl schon seit 1883 die älteste Zahnradbahn Deutschlands den Weg zum Gipfel erleichtert, seinerzeit übrigens eine technische Sensation. Und der Rheintourismus hat Drachenfels und Siebengebirge gut getan, denn die Landschaftszerstörung durch den jahrhundertelangen Trachyt-Abbau drohte, die schönen Ausblicke zu zerstören. Der Abbaustopp kam 1836 mit dem Kauf der Steinbrüche am Drachenfels durch den preußischen Staat; so blieb das romantisch-zerklüftete Panorama mit Burgruine so, wie es war, auch dank des „Verschönerungsvereins", der sich drei Jahrzehnte später gründete und seitdem über das Wohl des kleinen Gebirges wacht – mit beachtlichem Erfolg übrigens: Ende der 50er-Jahre wurde das Siebengebirge komplett unter Naturschutz gestellt.

Die älteste Zahnradbahn Deutschlands erleichtert den Weg zum Gipfel.

Spezialität aus dem Bergischen Land

Bergische Kaffeetafel

Mit bergischem Understatement sagt man „Koffiedrenken met allem dröm on dran" dazu. Aber das ist mehr als eine gelinde Untertreibung. Denn bei einer richtigen bergischen Kaffeetafel kommt wirklich alles auf den Tisch, was gut und lecker ist. Das traditionelle bergische Gelage ist eindeutig nichts für Kalorienbewusste! Zunächst findet sich Brot in verschiedenen Variationen im Brotkorb, dazu ein „Hefeplatz" oder süßer Stuten. Ob nun mit oder ohne Rosinen – weich und weiß und süß muss er sein! Herzhafter Belag dafür kommt in Form von Wurst, Schinken und „Klatschkäs" (Quark) auf den Tisch. Aber das ist noch lange nicht alles: Vor allem süße Aufstriche wie Konfitüre, Honig, Birnen-, Apfel- oder Rübenkraut sind bei der Kaffeetafel mit von der Partie. Und, ganz wichtig: kleine süße Schweinereien wie Kuchen, Milchreis oder lecker ausgebackene Quarkpfannkuchen. Wirklich unverzichtbar sind die bergischen Waffeln – ohne die ist es keine bergische Kaffeetafel. In der traditionellen Herzform müssen Sie aus dem Waffeleisen kommen. Lecker! Der Kaffee zur Tafel wird aus der Samowar-artigen Metallkanne, der „Dröppelminna", gezapft. Nach dem gehaltvollen Kaffeeklatsch, der in Wirklichkeit eine vollwertige „vierte Mahlzeit" ist, braucht so mancher einen Korn oder Kräuterschnaps als „Absacker". Wohl schon seit langer Zeit tafelt man im Bergischen auf diese Art – vorausgesetzt, man konnte es sich leisten. Als bergische Spezialität etablierte sich der traditionelle Schmaus in den 1930er-Jahren, als Ausflugslokale die Kaffeetafel als leckeren „Standortfaktor" entdeckten. So konnten sich die Wanderer und Spaziergänger aus den Städten vor der Rückfahrt nach Hause noch einmal ordentlich stärken …

Rezept für Bergische Waffeln

500 g Mehl
3–4 Eier
1 Prise Salz
etwas Vanillezucker
3 EL Honig
125 g zerlassene Butter
2–3 EL Zucker oder nach Belieben
etwas Milch

Alle Zutaten zu einem glatten Teig verrühren. Dabei so viel Milch dazugeben, bis der Teig geschmeidig ist. Löffelweise in das Waffeleisen geben und ausbacken. Bergische Waffeln müssen in Herzform gebacken werden – nur so sind es Bergische Waffeln!

Die schöne Parkanlage um Schloss Benrath lädt zu Spaziergängen ein, in einem Schlossflügel befindet sich das Europäische Museum für Gartenkunst.

gel des Benrather Schlosses das Museum für Europäische Gartenkunst zu Hause, während der Westflügel ein kleines naturkundliches Museum beherbergt. Das Innere des Hauptgebäudes allerdings, das besichtigt werden kann, ist so im Stil des 18. Jahrhunderts ausgestattet, als wäre Kurfürst Karl Theodor wirklich nur kurz weggegangen.

Schloss Neuhaus

Wohl auch als Zeichen seiner Macht ließ Fürstbischof Dietrich Theodor von Fürstenberg es zur eindrucksvollen Anlage ausbauen: Schloss Neuhaus in Ostwestfalen. Denn der Bischof von Paderborn konnte sich, trotz aller Reformationswirren, gegen Bürgertum und Adel im Erzstift Paderborn durchsetzen und dadurch seine wackelnde Machtposition festigen. Das Ergebnis: Dietrich Theodors imposantes Schloss im Stil der Weserrenaissance ist ein kleines Schloss der Superlative – die vierflügelige Anlage mit den zahlreichen Giebeln ist das bedeutendste Wasserschloss Westfalens und immerhin das älteste Renaissanceschloss Deutschlands. Seine burgartigen runden Ecktürme und die Lage einige Kilometer außerhalb Paderborns und auf einer Insel erinnern daran, dass die Bischöfe Kummer mit den Pader-

Auf Platz 15 der Hitliste der beliebtesten Schlösser: die ehemalige Residenz der Paderborner Bischöfe, Schloss Neuhaus

borner Bürgern gewohnt waren – eine wehrhafte Burg der Bischöfe stand hier schon im Mittelalter, der älteste Teil des heutigen Schlosses stammt sogar noch aus dem 14. Jahrhundert. 1590 begannen die Arbeiten zum letzten Flügel unter Dietrich Theodor von Fürstenberg, um das Jahr 1600 war die Anlage vollendet. Den eleganten Barockgarten ließ sein Nachfolger, Clemens August, anlegen. Diesen Garten können Besucher heute wieder genießen: In den 90er-Jahren ist er im Rahmen einer Landesgartenschau wiederentstanden – ein herrlicher Ort zum Spazierengehen am Zusammenfluss von Pader, Lippe und Alme.

Barocke Prachtentfaltung an Schloss Neuhaus: Sein Vollender, Bischof Dietrich Theodor, hielt erfolgreich seine politischen Widersacher in Schach.

Westfälisches Kleinod

Rüschhaus

Ein Besuch in diesem münsterländischen Kleinod lohnt sich: Nicht nur lebte die wohl wichtigste deutsche Dichterin der Romantik, Annette von Droste-Hülshoff (1797–1848), in diesem wunderschön gelegenen kleinen Anwesen vor den Toren Münsters. Außerdem war es ein Stararchitekt Westfalens, Johann Conrad Schlaun (1695–1773), der das barocke Rüschhaus erbaute – im für ihn charakteristischen Stil aus roten Klinkersteinen mit weißen Fugen. Der Architekt von Schloss Nordkirchen hatte den früheren münsterländischen Bauernhof bei Nienberge Mitte des 18. Jahrhunderts umgebaut, zu einer gelungenen architektonischen Mischung aus Gräftenhof und kleinem Adelssitz. Etwa siebzig Jahre später zog eine noch nicht dreißigjährige junge Landadelige mit Mutter und Schwester ein: Für Annette von Droste-Hülshoff sollte das Rüschhaus für die nächsten drei Jahrzehnte der Wohn- und Arbeitsort werden. Und der stille, damals abgelegene Ort beflügelte die Dichterin. Wichtige Werke wie die bekannte Novelle „Die Judenbuche" und der Gedichtzyklus „Das geistliche Jahr" entstanden hier. Die Schriftstellerin, die nach dem Tod des Vaters aus dem Stammsitz der Familie, Schloss Hülshoff, hatte ausziehen müssen, schätzte besonders die abgeschiedene Lage des Rüschhauses. So konnte sie sich im „Schneckenhäuschen", so nannte sie ihr Arbeitszimmer, ganz auf das Schreiben konzentrieren. Heute ist es im Rahmen von Führungen zusammen mit Wohnräumen zu besichtigen. Die Lebensweise der oft kränkelnden Droste-Hülshoff war sehr einfach, zumal für eine adelige Dame: Sie schrieb viel, aß nur kalte Mahlzeiten, strickte ein wenig und machte lange Spaziergänge – auf ärztliche Anordnung. Oder sie saß zur Erholung im Garten – mit Blick auf die Gräfte. Aber seinerzeit war der Garten mit seinen Obstbäumen nicht nur zur Erholung da: Die Schriftstellerin ließ hier auch Gemüse und Kartoffeln zur Selbstversorgung anbauen. Wer eine kleine romantische Zeitreise in die Zeit der Dichterin unternehmen möchte: das Museum im Haus Rüschhaus und sein Garten machen es möglich – inklusive der Begegnung mit der großen Dichterin, die in Form zahlreicher Porträts dort verewigt ist.

Sie liebte die Stille und das einfache Leben: Im barocken Rüschhaus fand die Dichterin Annette von Droste-Hülshoff beides.

BILDNACHWEIS

S. 6 WDR, S. 7 Kampfzauberin/Thomas Max Müller/Tanja Ritter/pixelio.de, S. 8 Thomas Max Müller_pixelio.de, S. 10 Oliver Franke/Tourismus NRW e.V., Cover/S. 12 mauritius images/ib/Hans Blossey, S. 15 Dieter Schütz/pixelio.de, S. 16 Günter Hommes/pixelio.de, S. 17 Katharina Hopp/Thomas Max Müller/pixelio.de, S. 18 Thomas Max Müller/Doris Rennekamp/pixelio.de, S. 19 WDR/Wolfgang Ennenbach (2), S. 20 Erich Westendarp/pixelio.de, S. 21 Aeggy/Wikipedia, S. 22 Martina Berg/Fotolia.com, S. 23 WDR/Hitlisten des Westens (3), S. 24 Ute Bibow/pixelio.de, S. 25 Thomas Max Müller/Johannes Vortmann/pixelio.de, S. 26 Oliver Franke/Tourismus NRW e.V., Udo Kruse/Fotolia.com, S. 27 Michael Faust/ Fotolia.com, S. 28 Arnold Plesse/Wikipedia, S. 29 Martina Berg/Fotolia, Rolf Vennenbernd/picture-alliance/dpa, S. 30 Joujou/Dieter Schütz/W. R. Wagner/pixelio.de, Evelyn & Christian Schlosser/Lambertz GmbH & Co. KG, Aachen; lambertz.de, S. 31 Daniel Westphal/pixelio.de, S. 32 AlterVista/Wikipedia, S. 33 Thomas Max Müller/Dieter Schütz/pixelio.de, S. 34 Oliver Franke/Tourismus NRW e.V., S. 35 Oliver Franke/Tourismus NRW e.V., S. 36 Manuel van Durme/Günter Hommes/pixelio.de, S. 37 Franz Haindl/Ruth Rudolph/Dieter Schütz/pixelio.de, S. 38/39 Kurt Michel/ Thomas Max Müller/Dieter Schütz/pixelio.de, WDR/Hitlisten des Westens (18), Cover/S. 40 Oliver Franke/Tourismus NRW e.V., S. 42 WDR/Hitlisten des Westens, S. 44 Bobby M/pixelio.de, WDR/Hitlisten des Westens (2), S. 45 Werner Raschke/pixelio.de, WDR/Hitlisten des Westens (3), S. 46 Tomha (talk)/Wikipedia, privat, S. 47 Rainer Sturm/pixelio.de (2), WDR/Hitlisten des Westens, S. 48 Rainer Sturm/pixelio.de (2), WDR/Hitlisten des Westens (5), S. 49 McHenry/Fotolia.com, S.n 50/51 Reiner Rosenwald/pixelio.de, WDR/Hitlisten des Westens (5), S. 52 fotoab.eu/Rainer Klinke/pixelio.de, S. 53 Arnold Exportbier/Wulf Trachte/pixelio.de, Cover/S. 54 Olaf Schneider/pixelio.de, Cover/S. 56 cphotos100/Fotolia.com, S. 58 Aus der Ausstellung: Licht Himmel, Fotograf: Wolfgang Volz, S. 61 mauritius images/ib/Thomas Robbin, S. 62 Fotodichter/pixelio.de, S. 63 Thomas Max Müller/pixelio.de, S. 64 Mika Abey/pixelio.de, Ernst Pieber/Fotolia.com, S. 66 Dieter Schütz/pixelio.de, Cover/S. 67 Wolfgang Buttgereit/pixelio.de, S. 68 Thomas Max Müller/pixelio.de (2), S. 69 picture-alliance, S. 70 Fotodichter/pixelio.de, S. 71 WDR/Hitlisten des Westens (6), S. 72 Jens Bredehorn/ Dieter Schütz/pixelio.de, S. 73 ExQuisine/djama/lomingen/Fotolia.com, Klaus Steves/Rainer Sturm/pixelio.de, S. 74 Thomas Max Müller/pixelio.de, Juergen Goetzke/Wikipedia, S. 75 Dieter Schütz/pixelio.de, Cover/S. 76 Niko Korte/pixelio.de, S. 77 Soeren Stache/picture-alliance/dpa, S. 78/79 WDR/Hitlisten des Westens (20), S. 80 Joachim Metzner/pixelio.de, S. 81 WDR/Hitlisten des Westens (6), S. 83 Beckstet/Wikipedia, S. 84 Benjamin Vetter/pixelio.de, S. 85 Betty/Richard/pixelio.de, S. 86 Ulrike P./pixelio.de, Witschel/picture-alliance/dpa, S. 87 MiR/Pedro Malinowski, S. 88 Giulia Bayer/pixelio.de, S. 90 Thomas Max

Müller/Dieter Schütz/pixelio.de, S. 91 Thomas Max Müller/pixelio.de, S. 92 Thomas Max Müller/pixelio.de, S. 93 Dietmar Meinert/pixelio.de, S. 94 creative studio/Fotolia.com, Ruth Rudolph/Halina Zaremba/pixelio.de, S. 95 Thomas Max Müller /pixelio.de, S. 98 Reinhard Simon/pixelio.de, S. 100 Charly-I/pixelio.de, S. 102 Jens Bredehorn Jens/pixelio.de, Cover/ S. 105 Karl-Michael Soemer/pixelio.de, S. 107 A. Bonarius/pixelio.de, WDR/Hitlisten des Westens (3), S. 108 Dieter Schütz/pixelio.de, S. 109 Jens Bredehorn/stefanbuddesiegel/ pixelio.de, S. 110 Carola Langer/ Dieter Schütz/pixelio.de, S. 111 Dieter Schütz/pixelio.de, S. 112 nicky_nickname/Fotolia.com, S. 113 Alfred Patz/pixelio.de, S. 114 Kurt F. Domnik/pixelio. de, S. 115 Phantasialand, S. 116 siepmanH/pixelio.de, S. 117 Morgenrot/pixelio.de, S. 119 Wolfgang Dirscherl (2)/Peter Ries Düsseldorf/pixelio.de, S. 120 Wolfgang Dirscherl/pixelio.de, S. 120 Rosa Funken Köln von 1995 e.V., S. 122/123 WDR/Hitlisten des Westen (24), S. 124 Rike/ pixelio.de (2), S. 125 CIS/pixelio.de, S. 126 Horst Ossinger/picture-alliance/dpa, S. 127 Rike/ pixelio.de, S. 128 Thomas Max Müller/pixelio.de, S. 129 Istvan Bajzat/picture-alliance/dpa, Cover/S. 130 Ruge Melanie/pixelio.de, S. 132 Kurt F. Domnik/pixelio.de, S. 134 Dieter Schütz/ pixelio.de, S. 137 Albedo/pixelio.de, S. 138 Dieter Schütz/pixelio.de, S. 139 Thomas Max Müller/Templermeister/pixelio.de, S. 140 Raimond Spekking/Wikipedia, S. 141 Andreas Walgenbach/pixelio.de, S. 142 Andreas Walgenbach/pixelio.de, S. 143 Neanderthal Museum/M. Pietrek/S. Pietrek (3), S. 144 Ruth Rudolph/pixelio.de, S. 145 WDR/Hitlisten des Westens (3), S. 146 Jpetersen/Wikipedia, S. 147 DirkWolf/Fritz Zühlke/pixelio.de, S. 148 Jürgen Hüsmert/pixelio.de (2), S. 149 manulito/Fotolia.com, S. 150/151 WDR/Hitlisten des Westens (20), S. 152 WDR/Hitlisten des Westens (3), S. 153 ErnstPieber/Fotolia.com, S. 154 Dieter Schütz/pixelio.de (2), S. 155 Markus Kaiser/Eisenbahnnostalgie.de, S. 156 Dieter Schütz/pixelio.de, Cover/S. 157 Rosel Eckstein/pixelio.de, S. 158/159 Rolf Schlosser/Kölner Zoo (2), S. 160/161 ZOOM Erlebniswelt, S. 162 Thomas Max Müller/pixelio.de (2), S. 163 Oceancetaceen/Alice Chodura/Wikipedia, S. 164 dd/Fotolia.com, Ulrich E. K. Schmidt/ pixelio.de, S. 166 Thomas Max Müller/pixelio.de (2), S. 167 Thomas Max Müller/pixelio.de, S. 168 Maja Dumat/Florentine/ Thomas Max Müller/W.R.Wagner/pixelio.de, Mirko Schweikert/ Dreizehn//Design, S. 169 Maclatz/pixelio.de, S. 170 H-J Spengemann/Templermeister/ pixelio.de, S. 171 Doris Rennekamp/pixelio.de, S. 172/173 Thomas Max Müller/Lars Paege/ Dieter Schütz/pixelio.de, S. 175 Thomas Max Müller/pixelio.de, Cover Hans-Christian Hein/pixelio.de

Im unwahrscheinlichen Fall, dass ein Copyright falsch zugeordnet ist oder fehlt, bittet der Herausgeber die Rechteinhaber darum, berechtigte Forderungen zu melden.

... im Schacht!